TITLE 1
JUNIPER HILL ELEMENTARY SCHOOL
29 UPPER JOCLYN AVE.
FRAMINGHAM, MA 01701

HAMPTON-BROWN
Quien sabe dos lenguas vale por dos.®

Autores
Dave Kemper, Ruth Nathan, Patrick Sebranek

Ilustrador
Chris Krenzke

2

Acknowledgements

We're grateful to many people who helped bring *¡Vía libre!* to life. First, we must thank the writers, editors, and teachers who helped make *Write on Track*, the original English version, a reality.

Susan Ohanian Candyce Norvell Dennis Anderson
Stephen Krensky Rebecca Davison Myra Zarnowski
Charles Temple Allan Wolf

Also, thanks to the bilingual/ELD teachers who reviewed the Spanish edition of this book.

John J. Earnest Laura Godínez Stephen Pollard
Irving, TX South Elgin, IL Oceanside, CA

In addition, we want to thank our Hampton-Brown team: Georgia Betcher, Guillermo Gutiérrez, Juan Quintana, Jan Peters, Maya Stanfield-Mazzi, and Margaret Tisdale.

¡Vía libre! is the Spanish version of *Write on Track* © 1996 by Great Source Education Group, Inc.

The United States version of *Write on Track* is published by Great Source Education Group, Inc., A Houghton Mifflin Company, Wilmington, Massachusetts, United States of America.

¡Vía libre! is published by The Hampton-Brown Company, P.O. Box 223220, Carmel, California 93922. Telephone: (800) 333-3510.

Printed in the United States of America.

ISBN 0-7362-0044-4

98 99 00 01 02 03 04 05 06 07 10 9 8 7 6 5 4 3 2 1

¡Ponte en marcha!

El manual *¡Vía libre!* está dividido en cinco partes:

 El método de escribir ● En esta parte puedes aprender a escribir bien, desde cómo elegir un tema hasta cómo corregir un borrador.

 Tipos de escritos ● ¿Te gustaría comenzar un diario, escribir un poema o crear un relato fantástico? ¡Entonces esta sección es para ti!

 Aprende a aprender ● Leer, aprender palabras nuevas, hablar y hacer exámenes son destrezas importantes. Esta parte trata de todas ellas.

 La guía del corrector ● ¿Tienes preguntas sobre la puntuación? ¿Sobre la ortografía? ¿Sobre los verbos? Aquí encontrarás ayuda.

 El almanaque del estudiante ● Mapas en color, una cronología de la historia, tablas de matemáticas... *¡Vía libre!* tiene la información que necesitas.

Tabla de
contenido

El MÉTODO de escribir

Para empezar 12

13 ¿Por qué escribir?
16 El método de un escritor
20 Escribir con computadora
26 Preparar una carpeta
30 Publicar lo que has escrito

Guía para el plan y el borrador 34

35 Un archivo de temas
38 Reunir detalles
40 El plan y el borrador

Guía para revisar, comentar y corregir 42

43 Revisar tu trabajo
48 Reuniones con compañeros
52 Corregir

Párrafos 54

55 Escribir párrafos
64 Escribir un resumen

Oraciones 68

69 Escribir oraciones sencillas
72 Combinar oraciones

T I P O S de escritos

Escritos personales   76

77   Diarios
82   Álbumes
84   Listas
88   Notas amistosas
92   Cartas amistosas
96   Narraciones personales
100 Relatos de familia

Escritos temáticos   104

105 Libros alfabéticos
110 Artículos de periódico
116 Reseñas de libros
122 Cartas formales
130 Escribir para explicar

Escritos de investigación   136

137 La biblioteca
144 Informes
152 Ensayos con fotos

Relatos, cuentos y obras de teatro   158

159 Relatos realistas
164 Relatos fantásticos
170 Obras de teatro

Poemas   176

177 Poesía de verso libre
184 Otras formas de poesía

Aprende a APRENDER

Mejorar la lectura   192

193   Representaciones gráficas
198   Deducir el significado de una palabra
200   Leer para entender

Vocabulario y ortografía   206

207   Enriquece tu vocabulario
214   Diccionario de prefijos, sufijos y raíces
224   Mejora tu ortografía
226   Historia de la lengua española

Cómo hablar y escuchar mejor   232

233   Aprende a observar
238   Aprende a escuchar
240   Recita poemas
246   Charlas breves
252   Entrevistas
256   Cuenta historias

Pensamiento crítico   262

263   Cómo organizar información
268   Pensar con claridad
274   Aprender matemáticas escribiendo

Destrezas de aprendizaje   276

277   Las tareas
280   Trabajos en grupo
284   Los exámenes

La  del corrector

Estudio de palabras **295**

La oración **308**

La mecánica del lenguaje **314**

La palabra correcta **326**

El uso de la puntuación **328**

El  del estudiante

Tablas y listas **341**

Los mapas **348**

348 Leer mapas

351 Mapas

363 Datos sobre los Estados Unidos

365 Datos sobre el mundo

Destrezas matemáticas **366**

367 Resolver problemas

371 Símbolos, números y tablas

La caligrafía **376**

Historia de la historia **380**

382 Cronología

Índice **392**

¿Para qué escribir?

Una nota de los autores

Hay muchas cosas que te hacen bien como, por ejemplo, respirar aire fresco y comer verduras. También te hace bien escribir. Estos estudiantes te dicen por qué:

- Escribir me ayuda a recordar mi pasado.

  —Andrés Barjuán

- Escribir me hace conocer otros mundos.

  —Marisa Díaz

- Me gusta escribir porque me permite usar mi imaginación.

  —Rosa Domínguez

- Cuando escribo, me siento más segura de mí misma.

  —Carla Ruiz

- Me gusta escribir porque me ayuda a expresar mis sentimientos y es divertido.

  —Sergio Redondo

Razones para escribir

¿Por qué escribir? Estos estudiantes han ofrecido buenas razones. Escribir los ayuda a recordar el pasado y a aprender. Les permite inventar cuentos y expresar sus sentimientos. Y además, ¡escribir es divertido!

¡Vía libre! te puede ayudar a disfrutar de la escritura. Está lleno de ideas y ejemplos para todas tus actividades y tiene también una sección especial titulada "La guía del corrector" que te ayudará a resolver tus dudas sobre mayúsculas, puntos y acentos. Cuando escribas, ten siempre una copia del manual a tu lado.

Un gran librito

¿Sabes qué? *¡Vía libre!* te ayudará también a contar relatos, a mejorar tu ortografía, a prepararte para los exámenes, a estudiar la historia y a hacer muchas cosas más. En otras palabras, te ayudará a abrirte camino en todo tu trabajo escolar. No está mal para un libro tan pequeño.

No te olvides de divertirte cuando uses *¡Vía libre!* Y buena suerte con tus actividades de escritura y tus estudios.

Recuerda: Algo puede ser bueno (como escribir, por ejemplo) ¡y divertido a la vez!

¡Vía libre!

1 El método de escribir

Para empezar

¿Por qué escribir?

"¡Lo que más me gusta es escribir!"

Así se expresa Emilia Martín, una estudiante como tú. Esto es lo que Emilia piensa de la escritura.

"Escribir un cuento es como hacer una película en la que yo puedo decidir qué sucede. También me gusta escribir cartas, notas de agradecimiento y tarjetas de felicitación. Me gusta escribir sobre mi vida y sobre las cosas que pasan."

Hay muchas razones para escribir

Las palabras de Emilia nos dicen mucho sobre la escritura. Nos dicen que es algo muy divertido. También nos dicen que mediante la escritura es posible comunicarse con otras personas y aprender sobre uno mismo. ¡No es extraño que a Emilia le guste! ¿Qué más necesitas saber sobre la escritura? Sigue leyendo *¡Vía libre!* para averiguarlo.

El método de escribir: 5 pasos

Muchos escritores siguen un **método** al escribir. En estas dos páginas se dan los pasos que debes seguir cuando escribes tus propios cuentos, informes y otras tareas. Seguir este método te ayudará a hacer mejor tu trabajo, ¡igual que ayuda a Emilia Martín y a otros escritores!

El método de escribir

* **Elige** un tema.
* **Reúne** detalles sobre el tema.
* **Decide** lo que quieres decir sobre el tema.

Antes de escribir:
Hacer un plan

Escribir el borrador

* **Anota** todas tus ideas en un papel.
* **No te preocupes** por los errores.

Revisar:
Mejorar lo que has escrito

* **Lee** y revisa el borrador.
* **Reúnete** con otra persona y lean juntos tu borrador.
* **Haz cambios** para mejorar lo que has escrito.

Corregir

* **Lee de nuevo** lo que has escrito para ver si las palabras suenan bien y las oraciones tienen sentido.
* **Corrige** la ortografía y la puntuación.
* **Escribe** en limpio tu copia final.
* **Vuelve** a leerla para asegurarte de que no tiene errores.

Publicar

* **Reúnete** con tus compañeros y léeles lo que has escrito.
* **Publícalo** en un libro de la clase o en un periódico escolar.
* (Puedes encontrar más ideas en las páginas 30–33.)

El método
de un escritor

Pedro López tenía que escribir una composición sobre un día en que vivió una experiencia inolvidable. Éste es el método que Pedro empleó para hacer su tarea.

1 Antes de escribir: Hacer un plan

Elegir el tema ● Pedro tenía en mente dos temas fabulosos: podía escribir sobre el día en que sus padres le regalaron una bicicleta o sobre el campeonato de fútbol en que participó su equipo. Decidió escribir sobre el campeonato porque se había divertido mucho y lo recordaba muy bien.

Reunir los detalles ● Después, Pedro empezó a anotar en una lista los detalles del campeonato.

todos jugamos muy bien
marqué el primer gol
ganamos el trofeo
nos divertimos
la gente sacaba fotografías...

Después de anotar los detalles, Pedro ya podía empezar a escribir su borrador. (Puedes leerlo en la página siguiente.)

Escribir el borrador

2

Al escribir el borrador, Pedro puso todas sus ideas en el papel sin preocuparse por los errores.

El campeonato de fútbol

La semana pasada jugé en un campeonato de fútbol y me divertí y mi equipo ganó.

No ganamos el primer partido. Un campeonato de fútbol tiene muchos partidos. Cada equipo puede jugar más de un partido. En el segundo partido, mi amigo Javier me pasó la pelota. No sé ni cómo lo hice, pero ¡marqué un gol!

Nuestro equipo ganó un trofeo. todos nos felisitaron. El equipo de mis amigas Lupe y María ganó un trofeo también. Un hombre sacó una fotografía de cada equipo. Yo me arrodillé en la primera fila

Mi mamá quería sacar otra foto. Yo tenía la pelota en una mano y el trofeo en la otra. Mamá dijo que pesaba mucho el trofeo. La foto salió desenfocada pero me gustó. Luego, me caía de sueño. Por eso, mi mamá me llevó a casa y me fui directamente a la cama.

3 Revisar: Mejorar lo que has escrito

Pedro leyó su borrador y les pidió a sus padres que lo leyeran también. Luego, hizo algunos cambios. Así es cómo cambió los primeros párrafos.

cambio de idea

jugué

La semana pasada ~~jugé~~ en un campeonato de

⊙ Fue uno de los mejores días de mi vida.

fútbol y me diverti ~~y mi equipo ganó.~~

cambio de orden

No ganamos el primer partido. Un campeonato de

fútbol tiene muchos partidos. Cada equipo puede jugar

uno

más de ~~un partido.~~ En el segundo partido, mi amigo

Javier me pasó la pelota. No sé ni cómo lo hice, pero

¡marqué un gol! Todavía estoy asombrado. ◄······**otro detalle**

4 Corregir

Después, Pedro releyó lo que había escrito para ver si las palabras sonaban bien y las oraciones tenían sentido. Luego, corrigió la ortografía y la puntuación. (Esto volvió a hacerlo con su copia final.) Así es cómo corrigió el tercer párrafo.

Todos

Nuestro equipo ganó un trofeo. ~~todos~~ nos

felicitaron

~~felisitaron.~~ El equipo de mis amigas Lupe y María ganó

fotógrafo

un trofeo también. Un ~~hombre~~ sacó una fotografía de

⊙

cada equipo. Yo me arrodillé en la primera fila ∧

Publicar

Pedro les leyó la composición a sus compañeros. Luego, la incluyó en un libro de la clase y añadió fotografías para hacerla más interesante.

El campeonato de fútbol

La semana pasada jugué en un campeonato de fútbol y me divertí. Fue uno de los mejores días de mi vida.

Un campeonato de fútbol tiene muchos partidos. Cada equipo puede jugar más de uno. No ganamos el primer partido. En el segundo partido, mi amigo Javier me pasó la pelota. No sé ni cómo lo hice, pero ¡marqué un gol! Todavía estoy asombrado.

Nuestro equipo ganó un trofeo. Todos nos felicitaron. El equipo de mis amigas Lupe y María ganó un trofeo también. Un fotógrafo sacó una fotografía de cada equipo. Yo me arrodillé en la primera fila.

Mi mamá quería sacar otra foto. Yo tenía la pelota en una mano y el trofeo en la otra. Mamá dijo que el trofeo pesaba mucho. La foto salió desenfocada, pero me gustó. Luego, me caía de sueño. Por eso, mi mamá me llevó a casa y me fui directamente a la cama. ¡Había sido un gran día!

"Me gusta usar la computadora porque puedo escribir con rapidez y cambiar cosas fácilmente."

—Travis De Wolf

Escribir con computadora

Hace muchísimos años, se escribía usando un punzón para grabar letras en tablas de arcilla. Después, se usaron plumas para escribir en pergamino (la piel de un animal). Hace pocos años se utilizaban máquinas de escribir. Hoy día el sistema preferido es la **computadora personal**.

Para empezar

Este capítulo te explica cómo escribir con una computadora. En muy poco tiempo verás por qué la computadora es la mejor amiga de los escritores.

Conoce tu PC

Soy una computadora personal, también llamada **PC**. Desde mi pantalla hasta mi ratón, todas las partes de que estoy hecha te ayudan a escribir. Es importante que te familiarices con ellas.

1 Mi cerebro está en la **computadora**, donde almaceno la información.

2 Puedes ver tu trabajo en mi **pantalla**.

3 Para escribir utilizas mi **teclado**.

4 Mi **ratón** no chilla, pero te ayuda a moverte en la pantalla.

5 Esto es un **disquete**. Lo metes para guardar lo que has escrito.

6 En la **impresora** puedes imprimir lo que has escrito.

Cómo usar una computadora

Conocer las partes básicas de una computadora es importante, pero ahí no se acaba la historia. Es importante que entiendas unas cosas más.

 Recuerda que una computadora no piensa o escribe por ti. Tú eres responsable de escribir las palabras y de pensar.

Aprende cómo usar el teclado. (En la página siguiente puedes aprender cómo es el teclado de la computadora.)

Practica cómo usar el *programa de procesamiento de texto* de tu computadora. (Este programa te permite escribir.) Para practicar, teclea uno de tus párrafos o cuentos. Después, añade o cambia palabras, revisa la ortografía, guarda tu trabajo e imprímelo.

Decide cuál es la mejor manera de usar una computadora. Muchos estudiantes hacen sus planes y borradores en papel. Después, pasan lo que han escrito a la computadora para hacer cambios.

Usar una computadora no siempre es fácil. Pide ayuda o consulta el manual si tienes algún problema.

Cómo usar el teclado

¿Qué es un teclado?

El **teclado** te conecta con la computadora. Para escribir en papel usas un lápiz; para escribir en la computadora usas un teclado. Mira la ilustración de un teclado en la página siguiente.

¿Qué representan todas las teclas?

Aunque es fácil saber para qué sirven la mayoría de las teclas, es posible que no conozcas éstas:

* Usa la tecla *tab* para añadir un espacio en la primera línea de un párrafo.
* Usa la tecla *shift* para escribir mayúsculas y algunos signos de puntuación.
* Usa la tecla *delete* para borrar un error.
* Tu programa de procesamiento de texto tendrá teclas especiales para los acentos, la tilde de la *ñ* y la diéresis sobre la *u* (ü).

¿Cómo se usa el teclado?

Al principio usarás un solo dedo para apretar las teclas una por una. Este método sirve, pero no es muy rápido.

Voltea la página para ver dos manos muy raras. Una vez que sepas teclear, usarás todos los dedos, cada uno para distintas teclas.

¡Puedes practicar usando esta guía! Para empezar, pon tus dedos en la "fila base" en el teclado. (La "fila base" es la fila de teclas oscuras.)

Teclado

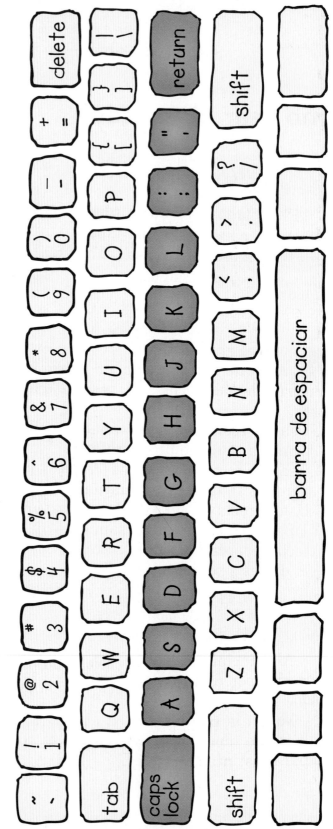

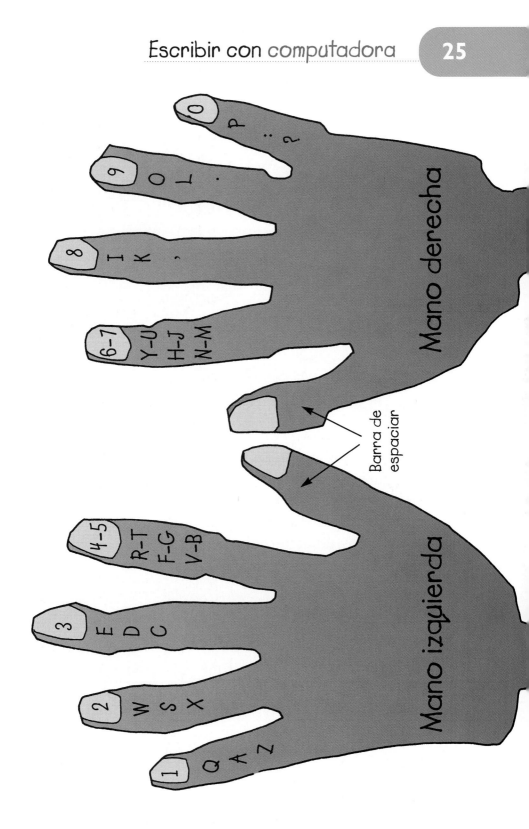

Mano derecha

Mano izquierda

Barra de espaciar

Preparar una carpeta

José López opina que escribir es algo muy especial: "La escritura es una destreza que nunca se olvida".

Nosotros pensamos lo mismo. Otro estudiante, Jaime Flores, dice: "Es divertido volver a leer lo que has escrito".

¡Estamos de acuerdo!

Un lugar especial

Este capítulo explica cómo preparar una **carpeta**. La carpeta es una colección de escritos. Ahora aprenderás cómo preparar tu **carpeta personal** (sólo para ti) y tu **carpeta de clase** (para la escuela). Si te gusta escribir tanto como a José y a Jaime, querrás empezar a preparar tu carpeta ahora mismo.

La carpeta personal

Tu **carpeta personal** es sólo para ti. Puedes usar una carpeta de tres anillas, una con bolsillos interiores o cualquier otra. Si quieres, puedes tener una sección para tus cuentos, otra para tus poemas y así sucesivamente.

También podrías dividirla en estas cuatro partes:

Nuevas ideas

En la primera sección, archiva tus ideas para nuevos proyectos. Puedes guardar listas de lugares que te gustan, frases interesantes y otras cosas por el estilo.

Proyectos en marcha

En la segunda sección, guarda los proyectos en que estás trabajando. Tal vez estés escribiendo un poema sobre la naturaleza o un relato de la vida real.

Escritos secretos

En la tercera parte, guarda tus poemas y notas secretos.

Escritura para leerles a otros

En la cuarta sección, guarda tus proyectos terminados, los cuentos y poemas que están listos para ser publicados.

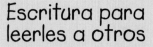

La carpeta de clase

Si escribes mucho en clase, tu maestro te puede pedir que hagas una **carpeta de clase**.

¿Es importante una carpeta de clase?

Una carpeta de clase sirve para que tú y tu maestro piensen en lo que has escrito, y te ayuda a ver la importancia de seguir un método cuando escribes.

¿Qué debes poner en tu carpeta?

Muchas veces tu carpeta de clase tendrá muestras de tus mejores trabajos. También puede incluir evaluaciones y hojas con preguntas sobre lo que has escrito.

¿Qué escritos te gustan más?

¿Qué destrezas de composición has aprendido?

¿Qué destrezas necesitas mejorar?

¿Qué es lo más importante que debes recordar sobre tu carpeta de clase?

Tu carpeta de clase contiene la historia de tus experiencias como escritor. ¡Haz que sea un motivo de orgullo para ti!

"Para mí, escribir es como recibir un regalo. Nuestra clase escribe todos los días."

—Carlos Toledo

Sugerencias

Para preparar tu carpeta de clase, sigue estos consejos:

Sigue las instrucciones de tu maestro.

* **Averigua cómo debe ser tu carpeta.** Es posible que tu maestro te dé una carpeta para que incluyas tus trabajos o que te pida que hagas una.

* **Averigua qué debe incluir.**
Averigua cuántos proyectos de escritura debes incluir. También, asegúrate de que sabes qué hojas de ideas debes rellenar.

Organízate.

* **Guarda todo lo que escribes.**
Tu maestro te puede pedir que incluyas todas las notas y borradores de algunas de tus redacciones.

No te quedes atrás.

* **Haz todas las tareas a tiempo.**
Completa todas las partes de tu carpeta cuando te lo pidan.

* **Hazlo siempre lo mejor que puedas.**
Mantén tu carpeta ordenada y organizada.

PIDE AYUDA CUANDO TENGAS DUDAS SOBRE TU CARPETA O SOBRE UNA TAREA. ES IMPORTANTE QUE HAGAS TODO TU TRABAJO.

Publicar lo
que has escrito

El paso final en el método de escribir es **publicar**. Publicar es leer en voz alta uno de tus poemas o cuentos, o dárselo a alguien para que lo lea. A Yoselín Contreras, una estudiante, le encanta este paso:

"El método de escribir es como una fiesta de cumpleaños. Al terminar, nos reunimos y leo mis regalos favoritos, mis cuentos."

En contacto

Una manera de publicar es leerles uno de tus cuentos a tus compañeros. También puedes poner un poema en el tablero de anuncios de la clase. Hay muchas otras maneras interesantes de publicar tus mejores trabajos. En las tres páginas que siguen se mencionan algunas de ellas.

Cinco ideas para publicar tu trabajo

¡Envíalo por correo!

* Envíale por correo un relato de familia o un poema a uno de tus parientes.
* Envíale un relato de aventuras a un amigo que acaba de mudarse.
* Escríbele una carta a una persona que admiras.
* Escríbele una carta a una compañía o a una oficina del gobierno pidiendo información.

¡Represéntalo!

- Reúnete con tus compañeros y anímalos a representar una de tus obras de teatro.
- Representa uno de tus cuentos o poemas. (Puedes encontrar ideas sobre cómo representar poemas en las páginas 240-245.)
- Grábate en video leyendo uno de tus cuentos y envíale el video a un amigo o a un pariente que viva lejos.
- Léele uno de tus mejores escritos a un grupo de padres y maestros.

¡Imprímelo!

- Haz un libro de tus cuentos o poemas. O reúnete con tus compañeros y hagan un libro de la clase. (En la página siguiente se incluyen algunas ideas.)
- Publica un periódico con la clase.
- Haz copias de reseñas de libros para poner en la biblioteca de la escuela.
- Crea un libro de dibujos para estudiantes más jóvenes.
- Envíale a un familiar un poema por fax a su lugar de trabajo.

¡Envíalo a una revista!

Algunas revistas publican relatos, poemas y cartas de estudiantes. ¡Pero sólo publican unos pocos! En el *Internet* podrás encontrar algunas. Si tu escuela dispone de conexión con *Internet*, pídele a tu maestro que te ayude a buscar las revistas que aceptan contribuciones de trabajos en español.

¡Encuadérnalo!

Sigue estos pasos para hacer tu propio libro:

1. Organiza tus hojas. Incluye una portada.

2. Engrapa o cose las páginas.

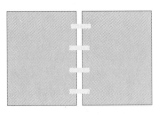

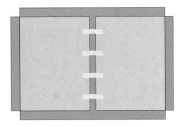

3. Corta dos cartulinas para que queden un poco más grandes que las páginas. Sujétalas con cinta adhesiva.

4. Pon la cartulina sobre papel adhesivo. Dobla las solapas del papel adhesivo sobre los bordes de la cartulina.

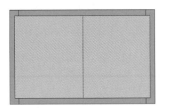

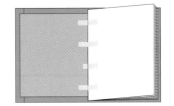

5. Pega papel de colores en la parte interior de la cubierta.

6. Pega las páginas a la cubierta interior con cinta adhesiva.

Guía para el plan y el borrador

Un archivo de temas

A veces, la parte más difícil de escribir es encontrar un tema. Escribir te resultará más sencillo si **preparas un archivo de temas para redactar**. Para empezar, tienes que pensar y actuar como un escritor. Eso quiere decir que siempre debes estar buscando ideas interesantes. El estudiante-escritor Beto Martínez sabe encontrar temas:

• Puedes escribir sobre cualquier cosa. Si oyes o ves algo interesante, ¡anótalo!

¡Consigue un cuaderno!

Anota todas tus ideas en un cuaderno, donde estarán listas para tu próximo proyecto. Este capítulo te muestra algunas maneras divertidas de preparar tu archivo de temas.

Mira, escucha y aprende

 Fíjate en el mundo que te rodea. A veces un tema te encuentra a ti. Tal vez miras hacia arriba y ves un halcón. Te pica la curiosidad: *¿Dónde vive? ¿Qué come?* Anota el tema en tu cuaderno e incluye algunas preguntas.

 Haz un mapa de tu vida. Empieza con el día en que naciste e incluye los hechos más importantes de tu vida. Luego, puedes consultarlo cuando necesites un tema.

Haz una lista de lo mejor, de lo peor y de tus favoritos. Aquí tienes algunas ideas:

LO MEJOR: Mis mejores días
Mis mejores amigos
Las cosas que hago mejor

LO PEOR: Las materias más difíciles
Los quehaceres que más odio
Mis momentos más vergonzosos

FAVORITOS: Mis libros favoritos
Mis animales favoritos
Mis lugares favoritos

 Lee mucho. Lee libros, revistas y periódicos sobre temas que sean nuevos para ti: la exploración de la Luna, la cría de conejos o lo que sea. Mientras lees, anota las ideas que se te ocurran.

 Haz mucho. Intenta nuevas cosas. Hazte socio de nuevos clubs. Haz nuevos amigos. ¡Cuantas más actividades nuevas, más ideas para escribir!

 Escribe con frecuencia. Escribe tus ideas y experiencias en un diario (o en una sección de tu cuaderno de temas). Siempre puedes consultar lo que has escrito cuando estés buscando un tema.

Reunir detalles

Una vez que hayas escogido un tema tienes que reunir algunos **detalles**, es decir, hechos e ideas que hacen que lo que escribes sea interesante. Hay tres maneras de reunir detalles:

Estrategias para reunir detalles

1. **Busca** información en libros, periódicos, revistas, videos y CDs.

2. **Habla** con otras personas sobre tu tema. (Si necesitas ayuda, consulta la sección "Aprender a entrevistar" en las páginas 252–255.)

3. **Anota** todas las ideas que se te ocurran sobre un tema. A veces este método recibe el nombre de *lluvia de ideas*. En la página que sigue encontrarás varias maneras de reunir ideas.

Pensar y anotar

Lista de ideas ● Ésta es una de las maneras más fáciles de reunir ideas. Escribe tu tema en la parte de arriba de una hoja de papel. Luego, empieza a anotar todas las ideas que se te ocurran, sin preocuparte de que la lista quede bonita.

Las 5 preguntas básicas ● Para reunir ideas, responde a estas cinco preguntas: *¿Qué?*, *¿Quién?*, *¿Dónde?*, *¿Cuándo?* y *¿Por qué?*

Mapa de ideas ● Agrupar, o hacer un mapa, es un buen método de organizar las ideas que se te ocurran sobre un tema. (Consulta el ejemplo de la página 264.)

Análisis del tema ● Piensa de estas maneras:

* **Describe el tema.** ¿Qué aspecto tiene? ¿Cómo suena, huele o sabe? ¿Qué te hace sentir?

* **Compáralo.** ¿A qué otras cosas se parece, y por qué? ¿A qué cosas no se parece?

* **Piensa en sus distintos aspectos.** ¿Cuáles son sus mejores características? ¿Y las peores? ¿Qué es lo que te gusta o no te gusta de tu tema?

Formularios y tablas ● Los formularios y las tablas te ayudan a organizar tus ideas. (Consulta los ejemplos de las páginas 119 y 148.)

El plan y el
borrador

Ya has escogido un tema y has reunido gran cantidad de ideas e información. ¿Qué debes hacer ahora?

Escribe cuatro puntos básicos.
(Te ayudarán a no desviarte del tema.)

Tema: ¿De qué o sobre quién vas a escribir?

Propósito: ¿Por qué vas a escribir? ¿Para explicar? ¿Para describir?

Forma: ¿Qué forma usarás? ¿De cuento? ¿De informe?

Lectores: ¿Quién va a leer tu trabajo?

Ejemplo con un relato personal

Tema: El campeonato de fútbol

Propósito: Describir un día inolvidable

Forma: Relato personal

Lectores: Compañeros de clase

Escoge un comienzo.

El **comienzo** tiene que anunciar sobre qué estás escribiendo y, además, interesar a tus lectores para que sigan leyendo.

Aquí tienes algunas buenas maneras de comenzar:

Un hecho sorprendente

La clase de la Sra. Wilson reunió 22,000 latas de aluminio en sólo seis semanas.

Una cita

—¡Ay! ¡Me picó una abeja! —gritó mi hermanito José.

Una pregunta

¿Te gustaría comerte 15 gusanos?

Prepara tu borrador.

* Una vez que escribas una o dos oraciones, ¡sigue escribiendo! Escribe todas tus ideas, pero no intentes hacer un trabajo perfecto.

* Si no sabes qué escribir, mira las notas donde reuniste tus ideas. Además, revisa tus cuatro puntos básicos.

* Cuando hayas escrito todas las ideas principales, has acabado el borrador. ¡Bien hecho! (Si necesitas ayuda, mira el ejemplo de borrador de la página 17.)

Guía para revisar, comentar y corregir

Revisar tu trabajo

¿Te acuerdas de Pinocho, el títere que hizo Geppetto? Geppetto talló y pulió la madera con mucho cuidado, dando forma al muñeco hasta que Pinocho llegó a parecer un niño de verdad, ¡y a cobrar vida!

Mejorar tu borrador

Un escritor es como un tallista de madera que hace grandes y pequeños cambios hasta que su trabajo queda claro, completo e interesante. Este capítulo te enseñará cómo ir mejorando lo que has escrito.

Cuando te tomas el tiempo de **revisar** tu trabajo y darle vida, obtienes algo de lo que puedes sentir orgullo, como Geppetto se sentía orgulloso de haber creado a Pinocho.

¿Cómo se empieza?

Lee tu borrador ● Cuando llegue el momento de revisar, lee tu borrador dos o tres veces.

* Léelo en voz alta por lo menos una vez.
* Busca las partes que te gustan y las partes que debes mejorar.

Lee el borrador con amigos ● Es posible que te puedan sugerir ideas que no se te hayan ocurrido.

* Pregúntales qué partes les gustaron.
* Pregúntales qué partes no han entendido bien.

¿Cómo se hacen los cambios?

Primero, analiza las partes principales ● ¿Tiene tu trabajo un comienzo, un desarrollo y un final interesantes? (Si necesitas ayuda, consulta la página siguiente.)

Después, busca detalles ● ¿Incluiste en tu trabajo gran cantidad de detalles y muchas palabras descriptivas? (Mira la página 46.)

Tus autores favoritos revisan sus cuentos muchas veces antes de publicarlos.

Revisar las tres partes principales

Asegúrate de que tu comienzo presenta el tema de una manera interesante.

Una manera: Yo tengo seis peces de colores. *(Se limita a ofrecer información.)*

Una manera mejor: **Le pregunté a mi papá si me dejaría tener seis animales. —¡Seis! ¿Seis de qué? —preguntó. Le dije que mi amigo Alex quería regalar sus peces de colores. Papá dijo que estaría bien si yo los cuidaba.** *(¡Interesante!)*

Asegúrate de que el tema queda bien desarrollado, con suficientes detalles y descripciones interesantes.

Mis peces viven en un acuario con plantas y piedritas de colores. Les doy de comer cada mañana, pero sólo una pizca. Aunque son pequeños, comen como puercos. ¡Acaban con toda la comida en sólo dos segundos! *(¡Suena bien!)*

Asegúrate de que el final tiene relación con el tema. (Debe ser tan bueno como el comienzo.)

Una manera: No tengo más que decir sobre mis peces. *(Bueno, está bien.)*

Una manera mejor: **Me encantan mis peces. No me molesta cuidarlos. Me divierto alimentándolos y viendo cómo comen.** *(¡Así se hace!)*

Mostrar en vez de contar

Una de las cosas más importantes que debes tener en cuenta en tu revisión es que "mostrar" es mejor que "contar".

Contar: Nuestro fuerte era muy bonito. *(Aburrido.)*

Mostrar: **¡Nuestro fuerte se elevaba sobre pilares de seis pies de altura! Olía a madera y soga cuando entrábamos a gatas.** *(¡Muy bien!)*

Dar vida a tu trabajo

Aquí tienes una manera de dar vida a tus descripciones, "mostrando" los detalles:

Usa los cinco sentidos.

Esta autora añade detalles que nos ayudan a ver un rancho y a percibir sus olores y sus sonidos.

Allí olía el humo del fuego de la cocina y veía las vacas y las ovejas que pastaban en los campos. La hierba dorada se extendía hasta las verdes y arboladas laderas de los cerros, y los altos picos de las montañas se elevaban al cielo. Allí podía oír todos los sonidos del rancho: el cacareo de las gallinas, los rebuznos de los asnos, los ladridos de los perros, el trinar de los pájaros, el martilleo de los peones, alguien riéndose en la lejanía.

De *Así es Josefina,* por Valerie Tripp (Middleton, Wisconsin: Pleasant Company, 1998). Traducción de José Moreno. Reproducido con permiso de Pleasant Company.

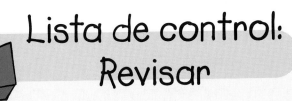

Lista de control: Revisar

¿Necesito **añadir** algo?

☐ ¿Tengo un buen comienzo?

☐ ¿He incluido todos los detalles importantes?

☐ ¿Necesito añadir un final?

¿Necesito **quitar** algo?

☐ ¿Me he centrado en el tema?

☐ ¿He repetido cosas?

¿Necesito **cambiar** algunas partes?

☐ ¿Están mis oraciones en el orden correcto?

☐ ¿Hay ideas o detalles que parecen fuera de lugar?

¿Necesito **volver a escribir** algo?

☐ ¿Hay ideas u oraciones que no están claras?

☐ ¿He usado los cinco sentidos?

Reuniones
con compañeros

Los dentistas hablan de empastes, los carpinteros hablan de maderas y sierras... Las personas con la misma profesión organizan **reuniones** o conferencias en las que intercambian ideas para hacer mejor su trabajo.

Tú puedes organizar una reunión para intercambiar ideas sobre lo que escribes. Puedes hablar con una sola persona o con un grupo pequeño. El objetivo es ayudarse unos a otros a escribir mejor. Este capítulo te explica cómo organizar buenas reuniones de escritores.

¿Por qué es importante hablar de lo que escribes?

Una reunión con compañeros te puede ayudar a...

* ver las mejores partes de tu trabajo,
* pensar en nuevas ideas,
* resolver problemas y
* encontrar errores.

Cómo trabajar con compañeros

Cuando tú eres el escritor:

- Asegúrate de que estás listo para leer. Puedes leer tu trabajo en cualquier etapa del método de escribir.
- Coméntales algo a tus compañeros sobre tu trabajo (pero no les digas demasiado).
- Lee tu trabajo en voz alta.
- Escucha bien lo que dicen tus compañeros. (Es posible que no estés de acuerdo, pero dedica algún tiempo a pensar en lo que te dicen.)

Cuando tú eres la persona que escucha:

- Escucha con atención al escritor.
- Toma algunas notas para recordar ciertas ideas.
- Dile al escritor algo que te guste de su trabajo. ("Me gusta la manera en que... ")
- Pregunta sobre lo que no entiendas. ("¿Qué quieres decir con... ?")
- Sé amable. Asegúrate de que tus comentarios son útiles. (Di algo como: "María, no creo que *corrió* sea la palabra más precisa para describir lo que hizo el perro. Podrías decir *atacó*".)

Cuándo reunirte con compañeros

Puedes tener una reunión en cualquier momento durante las diferentes etapas del método de escribir.

Antes de escribir, tus compañeros te pueden ayudar a...

* escoger un tema sobre el que escribir y
* pensar en lugares donde encontrar información.

Después de escribir tu borrador, tus compañeros pueden...

* mencionar lo que les gusta y
* decirte qué partes no están claras o qué partes están fuera de orden.

Mientras revisas, tus compañeros te pueden decir...

* si tu comienzo despierta su interés,
* si tu desarrollo se centra en el tema y
* si tu final es bueno.

Mientras corriges, tus compañeros te pueden ayudar a...

* encontrar errores en oraciones,
* escoger las palabras correctas y
* corregir errores de puntuación y ortografía.

Hojas de comentarios

Para escribir tus opiniones sobre el trabajo de un compañero puedes usar una **hoja de comentarios**. Aquí tienes dos hojas de comentarios como ejemplo.

Puntos fuertes

En la parte de arriba de una hoja de papel, escribe "Puntos fuertes". (Haz una lista de las cosas que te gustan del trabajo.)

Mejorar

En la parte de abajo, escribe "Mejorar". (Escribe aquí tus preguntas y menciona las partes que se pueden mejorar.)

Lista de control para reuniones

Organización:

✔ ¿Tiene el trabajo un comienzo, un desarrollo y un final?

✔ ¿Aparecen todas las ideas en orden?

Detalles:

✔ ¿Se refieren al tema todos los detalles?

✔ ¿Hay suficientes detalles y ejemplos?

Estilo y mecánica del lenguaje:

✔ ¿Son fáciles de leer las oraciones?

✔ ¿Tiene errores el trabajo?

Corregir

Corregir te ayuda a preparar tu trabajo para publicarlo. Es importante seguir este paso después de que hayas revisado las ideas principales del borrador. Cuando corriges, te aseguras de que te has expresado con claridad y correctamente, y luego vuelves a leer para asegurarte de que no hay errores de ortografía.

¡Pide ayuda!

Es difícil encontrar todos los errores al corregir. Por eso, es importante que le pidas ayuda a un compañero de clase o a un familiar. Todos los escritores, hasta tus autores favoritos, reciben ayuda en este paso. (La lista de la página siguiente enumera todas las cosas que debes buscar.)

Lista de control: Corregir

Oraciones

- [ ] **¿Has usado siempre oraciones completas?** (Si necesitas ayuda, consulta las páginas 69–71.)
- [ ] **¿Has escrito algunas oraciones más largas?** (Consulta las páginas 72–73.)

Palabras

- [ ] **¿Usaste palabras interesantes?**
  - ✳ Usa palabras que describen con intensidad las acciones (*resbalar, carcajearse, temblar,* etc.).
  - ✳ Usa buenas palabras descriptivas (*burbujeante, grasiento, ardiente,* etc.).

Puntuación, ortografía, mayúsculas

- [ ] **¿Has puesto en cada oración los signos de puntuación apropiados?**
- [ ] **¿Has escrito bien todas las palabras** (*ala* en vez de *hala*, etc.)**?** (Consulta las páginas 326–327.)
- [ ] **¿Has puesto mayúsculas en los nombres propios y al principio de cada oración?** (Consulta las páginas 315–317.)

Párrafos

Escribir

párrafos

Toda buena oración merece un buen párrafo. Un **párrafo** consiste en varias oraciones que tratan del mismo tema. Si unes bien las oraciones, conseguirás un párrafo interesante que presente una descripción clara del tema sobre el que estás escribiendo.

¿Qué viene ahora?

En este capítulo te explicamos todo lo que debes saber sobre los párrafos. Vamos a nombrar las tres partes básicas de un párrafo, a mostrarte cuatro tipos de párrafos y a enumerar los pasos que debes seguir para escribir un párrafo. ¡Empecemos!

DÍA DE NIEVE

Las partes básicas de un párrafo

Un párrafo tiene tres partes: una **oración que presenta el tema**; el **desarrollo**, o parte central; y una **oración final**. Aquí ves cómo estas tres partes forman un párrafo.

Oración que presenta el tema

¡Día de nieve!

Ayer cayó mucha nieve, y por eso salimos temprano de la escuela. Antes del almuerzo empezaron a caer algunos copos grandes. Pero después la nieve cayó cada vez con más fuerza, y empezó a amontonarse en el patio de recreo. A las 12:30 el director anunció que podríamos irnos a casa a la 1:00. Gracias a la nieve, ¡tuvimos la tarde libre!

Desarrollo

Oración final

Cómo funcionan las partes

Un párrafo es como un tren. La *oración que presenta el tema* es la locomotora, la oración que impulsa el párrafo. Las oraciones del *desarrollo* son los vagones; son las que llevan la carga, es decir, todos los hechos y detalles sobre el tema. La *oración final* es el furgón de cola, el último vagón del tren, que pone fin al párrafo.

Examinemos las partes de un párrafo

La oración que presenta el tema ● Esta oración hace dos cosas: (1) Nombra el tema. (2) Dice de qué parte del tema vas a tratar. (La parte del tema sobre la que vas a escribir se llama *el enfoque.*)

EJEMPLO:

Ayer cayó mucha nieve (tema), y por eso salimos temprano de la escuela (enfoque).

El desarrollo ● Las oraciones del desarrollo explican o describen el tema, y deben seguir un orden que tenga sentido. Para que te sea más fácil ordenar todo, haz una lista de las ideas principales *antes* de escribir tu párrafo.

EJEMPLO: (Ésta es la lista de ideas del ejemplo anterior.)

- Empezó a caer nieve
- Copos grandes al principio
- La nieve se amontonó
- El director nos dejó salir temprano

La oración final ● Esta última oración les recuerda a los lectores cuál es el tema, o les ofrece alguna otra idea en qué pensar.

EJEMPLO:

Gracias a la nieve, ¡tuvimos la tarde libre!
(les recuerda a los lectores cuál es el tema)

Tipos de párrafos

Hay cuatro tipos de párrafos: **narrativo, descriptivo, explicativo** y **persuasivo**. Cada uno de ellos tiene una función diferente.

Párrafo narrativo

Un párrafo **narrativo** cuenta un hecho de la vida del autor. Mientras lees este modelo de Patricio Quintana, busca detalles que hacen que la historia sea interesante y realista.

Cocina al aire libre

Oración que presenta el tema

Mi abuelita y yo nos divertíamos mucho cocinando en el patio de nuestra casa. Primero, llenábamos envases de plástico con palitos y todo tipo de hojas, que hacían de verduras.

Detalles interesantes

También usábamos pedacitos de hierba como lechuga. Luego revolvíamos la comida con palos y la poníamos al sol para que se cocinara. Mirábamos mucho la comida para ver si estaba lista. A veces le echábamos un poco de arena como sal y pimienta.

Oración final

Luego, ¡nos comíamos un tremendo almuerzo!

Párrafo descriptivo

Un párrafo **descriptivo** cuenta cómo es una persona, un lugar o una cosa. Un buen párrafo descriptivo usa palabras que ayudan a los lectores a *ver, oír, oler, tocar* y *saborear* el tema. Mientras lees este modelo de Natalia Sambora, busca buenas palabras descriptivas.

La panadería Lucía

La panadería Lucía es uno de mis lugares favoritos. Al entrar, huele a pan recién salido del horno. Hay largas vidrieras con todo tipo de pasteles y tortas. Hay merengues rosados, pastelitos de fruta y tortas de chocolate. En la pared del fondo hay cajas de madera llenas de diferentes tipos de pan. Cada vez que sale pan del horno, tocan una campanita. Me encanta comer los pasteles de chocolate. Tienen chocolate por fuera y crema por dentro. ¡Mmm!

Oración que presenta el tema

Detalles sobre lo que se ve, se huele y se oye

El mejor detalle va al final

Párrafo explicativo

Un párrafo **explicativo** ofrece información e incluye todos los hechos que un lector necesita para entender el tema. Mientras lees este modelo de Tomás Gonzales, busca palabras que sirven para explicar.

La vida con un hermanito

Oración que presenta el tema ----→ Vivir con mi hermanito puede ser difícil. Primero, él me imita en todo. Si yo tomo dos vasos de leche, él hace lo mismo.

Ejemplos que explican el tema ---→ Segundo, siempre quiere jugar con mis amigos. Si jugamos baloncesto, él también quiere jugar, aunque es demasiado chico. Tercero, no quiere acostarse antes que yo. Siempre le dice a mi mamá: "¡Pero Tomás no se tiene que acostar!". Mi mamá dice que él me admira, y que yo debería

Idea final ----→ sentirme orgulloso de eso. Yo hago lo que puedo, pero no siempre es fácil.

EN LOS PÁRRAFOS EXPLICATIVOS, SE USAN PALABRAS COMO *PRIMERO, SEGUNDO, TERCERO* PARA ORDENAR LAS IDEAS PRINCIPALES.

Párrafo persuasivo

Un párrafo **persuasivo** expresa tu opinión sobre algo. También trata de convencer a los lectores. Mientras lees este modelo de Susana Rodríguez, busca razones que apoyan la opinión de la autora.

¡No se puede seguir así!

Nuestro barrio necesita aceras. Es peligroso y difícil ir de un sitio a otro sin ellas. No podemos montar en bicicleta porque nuestros padres no nos dejan ir por la calle. Tampoco podemos usar patines o tablas. En invierno, no podemos ir a casa de nuestros amigos porque la nieve se amontona, y tenemos que quedarnos en nuestros patios. Otros barrios tienen aceras; el nuestro debería tenerlas también.

Oración que presenta el tema (expresa la opinión)

Razones que apoyan la opinión

Oración final

Escribir un párrafo

Antes de escribir: **Hacer un plan**

Elige un tema ● Escoge un tema interesante.

Reúne detalles ● Reúne los hechos y ejemplos.

✳ Para un párrafo narrativo, contesta las preguntas *¿Qué?*, *¿Quién?*, *¿Dónde?*, *¿Cuándo?* y *¿Por qué?* sobre tu tema.

✳ Para un párrafo descriptivo, piensa en sonidos, olores o sabores.

✳ Para un párrafo explicativo, reúne hechos importantes y ejemplos.

✳ Para un párrafo persuasivo, haz una lista de argumentos que apoyan tu opinión.

Escribir el borrador

Pon tu información en orden

✳ Empieza con la oración que presenta el tema.

✳ Desarrolla el tema con suficientes detalles o descripciones.

✳ Resume todo con la oración final.

Revisar:
Mejorar lo que has escrito

Corregir

Revisa tu borrador ● Lee con cuidado todas las partes: la oración que presenta el tema, el desarrollo y la oración final.

* ¿Son claras las oraciones? ¿Están en un orden apropiado?
* ¿Tienes que añadir más detalles? (Si necesitas ayuda, consulta los modelos de las páginas 58–61.)

Corrige tu trabajo ● Usa estas preguntas como guía cuando vuelvas a leer el párrafo para corregirlo:

* ¿Has utilizado palabras interesantes y expresivas (*suave* o *dulce* en vez de *bueno*)?
* ¿Has usado las palabras correctas (*haya* en vez de *halla*), y las has escrito bien?
* ¿Empiezan todas las oraciones con mayúscula y terminan con el signo de puntuación correcto?

Escribir un
resumen

A veces tienes que usar en un proyecto o informe la información que has obtenido leyendo un capítulo de un libro o un artículo de una revista o de un periódico. Una buena manera de hacerlo es escribir un resumen.

Buscadores de oro

Un **resumen** contiene las ideas más importantes de lo que has leído. Para escribirlo, separas las pepitas de oro, o ideas principales, y dejas el resto del "lodo". Luego, combinas las ideas principales y escribes un párrafo claro. Este capítulo te ofrece un modelo y te explica cómo escribir tus propios resúmenes.

Artículo

Lee este artículo sobre la Tierra. Luego, estudia el modelo de resumen, que sólo incluye las ideas principales.

Nuestra Tierra: Una esfera de tierra y agua

Cuando los astronautas miran la Tierra desde el espacio, ven una hermosa **esfera**, un cuarto de cuya superficie está cubierto de tierra. El resto, unos tres cuartos de la superficie total, está cubierto de agua.

Las masas de agua de mayor extensión son los **océanos**. En realidad, los océanos no están separados, sino que forman una gran extensión dividida en cuatro partes: el océano Pacífico, el océano Atlántico, el océano Índico y el océano Ártico.

La tierra de la superficie del planeta está dividida en **continentes**: América del Norte, América del Sur, Europa, Asia, África, Antártida y Australia. Los continentes parecen flotar como islas en el gran océano.

MODELO : Resumen

La Tierra es una esfera cubierta de tierra y de agua. Hay mucha más agua que tierra. Las masas de agua más extensas son los océanos, ¡que en realidad forman un solo océano gigante! La tierra se divide en continentes que parecen islas en el gran océano.

Antes de escribir:
Hacer un plan

Escribir un resumen

Lee con cuidado ● Aprende lo más que puedas sobre el tema asignado.

✳ Lee la información una vez para entender el significado general. Después, léela más despacio y fíjate en las palabras importantes que aparecen en *cursiva* o en **negrita**.

✳ Luego, busca las ideas principales y haz una lista. (Consulta los pasos de abajo si necesitas ayuda.)

Cómo hallar las ideas principales

1. Lee el título. Muchas veces contiene la idea más importante.

2. Lee la primera y la última oración de cada párrafo.

3. Fíjate en las palabras en *cursiva* o en **negrita**.

Escribir el borrador

Escribe oraciones claras ● Usa tus propias palabras, excepto con el vocabulario clave.

* La primera oración debe expresar la idea principal.
* Incluye las otras ideas importantes en el resto del resumen.

Revisar: Mejorar lo que has escrito

Lee y revisa ● Pregúntate lo siguiente:

* ¿Son claras mis oraciones?
* ¿He incluido todas las ideas importantes?
* ¿Presenté las ideas en un orden apropiado?
* ¿He puesto demasiados detalles?

Corregir

Busca los errores ● Revisa la ortografía, el uso de las mayúsculas y la puntuación. Después, prepara una copia final para que otros la lean.

Oraciones

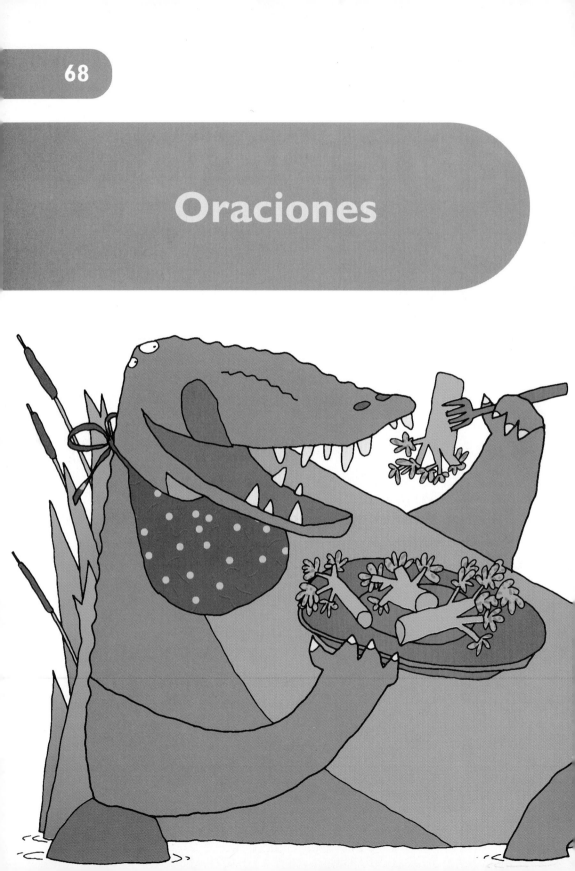

Escribir oraciones sencillas

¿Tienen sentido las palabras "Me el brócoli"? No, falta algo. ¿Te suena mejor "Me encanta el brócoli"? Debería sonarte mejor (aunque no te guste el brócoli). El segundo ejemplo expresa un pensamiento completo.

Haz que tus palabras tengan sentido

Un grupo de palabras que expresan un pensamiento completo forman una **oración**. Usamos oraciones cuando escribimos y cuando hablamos con otras personas, y las encontramos en nuestros cuentos y libros favoritos. Como ves, siempre estamos usando oraciones. ¿Qué deberías saber sobre las oraciones para usarlas bien? Lee las dos páginas siguientes (y las páginas 308–313) para averiguarlo.

Me encanta el brócoli.

Planto *Cocina* *Odio* *Hierro* *Corto* *Como*

Partes de la ORACIÓN

Sujeto

Todas las oraciones tienen un sujeto y un verbo. El **sujeto** es la persona, animal o cosa que está haciendo algo.

Jaime dibuja dinosaurios.
← sujeto

RECUERDA QUE EL SUJETO ESTÁ INCLUIDO A VECES EN EL VERBO. POR EJEMPLO, EL SUJETO DE LA ORACIÓN "DIBUJO DINOSAURIOS" ES "YO".

Verbo (Predicado)

El **verbo** expresa la acción de la oración.

Jaime dibuja dinosaurios.
← verbo

Hay otro tipo de verbos, llamados *verbos atributivos*. Un verbo atributivo no expresa una acción, sino que une al sujeto con otra parte de la oración.

Los dinosaurios son asombrosos.
← verbo atributivo

Otras palabras

La mayoría de las oraciones tienen otras palabras que ayudan a completar la idea.

otras palabras

Jaime dibuja dinosaurios en hojas de papel.

Problemas con las ORACIONES

 Si te olvidas de una parte importante de la oración tienes un **fragmento**.

Fragmento: Sara a su perro. (Falta un verbo.)

Oración completa:
Sara lavó a su perro.

 Una **unión incorrecta** ocurre cuando juntas dos oraciones que deberían ir separadas.

Unión incorrecta: Mickey me dio risa estaba cubierto de burbujas. (Deberían ser dos oraciones.)

Oraciones correctas:
Mickey me dio risa. Estaba cubierto de burbujas.

 Una oración **enredada** ocurre cuando se escribe una idea tras otra sin darle tiempo al lector para que respire.

Oración enredada: Mickey saltó de la tina y echó agua por todos lados y Sara se enojó y salió a agarrarlo. (Se usa demasiado la palabra y.)

Oraciones correctas:
Mickey saltó de la tina y echó agua por todos lados. Sara se enojó y salió a agarrarlo.

Combinar
oraciones

Combinar oraciones es hacer una oración larga de dos oraciones cortas. Aquí tienes un ejemplo:

Tres oraciones cortas:

A Elena le gustan las culebras cariñosas.
Le gustan los camaleones asustadizos.
Le gustan los sapos verrugosos.

Una oración larga:

A Elena le gustan las culebras cariñosas, los camaleones asustadizos y los sapos verrugosos.

¿Por qué combinar?

Combinar oraciones te permite escribir oraciones más largas, para que tu trabajo sea más interesante y fácil de leer. En la página siguiente aprenderás cómo combinar oraciones.

Combinar en una serie ● Puedes combinar oraciones cortas que dicen cosas distintas sobre el mismo sujeto.

El desierto es caliente.
El desierto es soleado.
El desierto es seco.

El desierto es caliente, soleado y seco.

Combinar con palabras clave ● Puedes sacar una palabra de una oración y añadírsela a otra.

Mi mamá se fue a Japón. Se fue ayer.

Mi mamá se fue a Japón ayer.

PARA EVITAR QUE TODAS TUS ORACIONES EMPIECEN IGUAL, A VECES PUEDES PONER UNA PALABRA CLAVE COMO "AYER" AL PRINCIPIO DE UNA NUEVA ORACIÓN.

Combinar sujetos ● A veces es posible combinar dos o más sujetos.

Carlos habla inglés.
Gaby habla inglés.

Carlos y Gaby hablan inglés.

Combinar verbos ● A veces es posible combinar dos o más verbos.

Gaby escribió un poema en inglés.
Gaby publicó el poema.

Gaby escribió un poema en inglés y lo publicó.

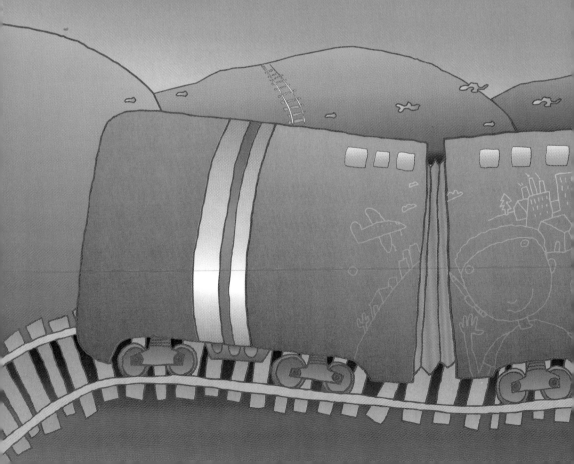

2 Tipos
de escritos

Escritos personales

Diarios

Tus autores favoritos nunca dejan de escribir. Cuentos, artículos para revistas, cartas: escriben muchísimo. Muchos de ellos tienen además unos cuadernos especiales, llamados **diarios**, en los que escriben sobre las cosas interesantes que ven y aprenden cada día. Escribir en un diario les da ideas para sus relatos.

Te toca a ti

Tú también puedes escribir en un diario, igual que hacen tus autores favoritos. Tú también lees y aprendes cosas nuevas. Se te ocurren muchas ideas y observas muchas cosas que pasan. Escribir en un diario te ayuda a pensar en todo esto. En las páginas siguientes, conocerás tres tipos de diarios.

Escribir en un diario personal

Un **diario personal** es un cuaderno especial en el que puedes escribir sobre cualquier cosa. Puedes...

▶ escribir sobre las cosas interesantes que ves y oyes,

▶ reunir ideas para cuentos y poemas,

▶ acordarte de momentos felices (o no tan felices)

▶ escribir cartas y notas secretas.

Escribir sobre algo que escuchaste

La abuela de Malia le contó cómo era la escuela en España. Malia escribió en su diario para no olvidarse.

13 de marzo

En la escuela de mi abuela en España sólo había niñas. Todas tenían que llevar uniforme y aprendían a coser. Las lecciones de costura eran difíciles. En el patio había una charca con patos y un gran jardín, y a cada niña le daban una parte para que la cultivara. A mí me gustaría tener mi propio jardín.

Escribir en un diario de lectura

Un **diario de lectura** es un cuaderno donde puedes escribir sobre los cuentos y libros que has leído. ¿Leíste algo emocionante? ¿Triste? ¿Que te dio miedo? ¿Hay una parte chistosa que no quieres olvidar? ¿Hay una palabra difícil que quieres anotar? ¿Tienes preguntas sobre alguna lectura? Tu diario es donde puedes escribir estas cosas.

Escribe unas pocas palabras o muchas. Usa oraciones completas o haz notas breves. Puedes hacer como quieras. Mira los ejemplos de Jaime, David y Marisa.

MODELOS de estudiantes

La Edad Media
de María Rius, Gloria Vergés y Oriol Vergés
La vida era bien dura en la Edad Media. Los niños de la historia se emocionan cuando cambian con los vecinos un poco de trigo por tocino. —Jaime

Los colores de mi mundo de Mayra Fernández
Cada niño usa un color para describir el país donde nació. Judith usa el azul para describir Cuba. El azul es mi color favorito. —David

Experimenta con el cuerpo humano de Andrew Haslam
Dice que la gente puede recordar un máximo de nueve cifras. Pero mi número de teléfono tiene diez, incluyendo el código de área. —Marisa

Escribir en un diario de estudio

En un **diario de estudio** puedes escribir sobre tus clases: artes del lenguaje, matemáticas, ciencias y estudios sociales. Puedes hacer preguntas y anotar datos interesantes y palabras nuevas.

MODELOS de estudiantes

Pensar en nuevas ideas ● La maestra de Melinda le preguntó a la clase: "¿Qué es la multiplicación?".
Esto es lo que escribió Melinda en su diario de estudio:

Se parece a la suma. Mi papá se compró 4 cajas de pelotas de golf. Cada caja tenía 3 pelotas. Había entonces un total de 12 pelotas nuevas. Lo puedes calcular de dos maneras:

$$3 + 3 + 3 + 3 = 12$$
$$3 \times 4 = 12$$

Observar ● Carlos tenía que observar un objeto con atención, así que decidió mirar su zapato izquierdo.

1. hecho por Nike
2. hecho en China
3. blanco y negro
4. sucio
5. 2 agujeros
6. cordón anaranjado
7. talla $5\frac{1}{2}$
8. punta hacia arriba

Hacer preguntas ● Rosa escuchó a su maestra hablar de Abraham Lincoln y se le ocurrieron algunas preguntas importantes sobre la juventud de Lincoln.

¿Cómo se sintió Lincoln cuando su padre se casó de nuevo? ¿Cómo cambió su vida después de eso?

Aprender con dibujos

En un diario de estudio puedes hacer dibujos o diagramas como éste que hizo Rigo para estudiar el sistema digestivo en su clase de ciencias.

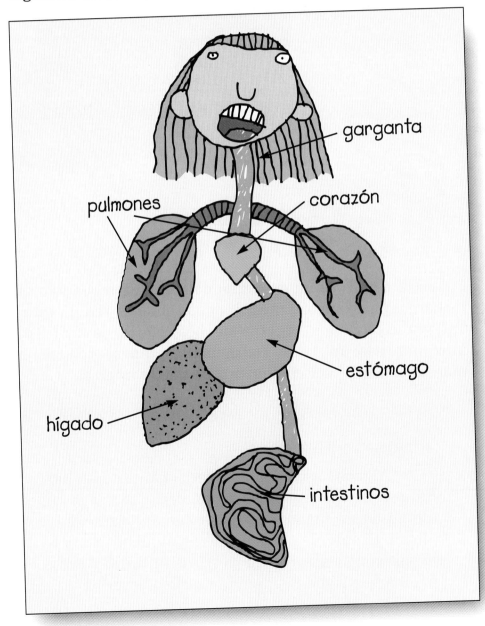

Álbumes

Un **álbum** es un cuaderno donde puedes guardar tus recuerdos más importantes, y donde puedes reunir cosas. Tal vez coleccionas tarjetas de béisbol (te doy un Tino Martínez por un Iván Rodríguez); o quizás coleccionas monedas. Puede ser cualquier cosa que te interese.

Tipos de álbumes

Algunos estudiantes coleccionan estampillas. Es posible que conozcas a alguien que tenga un álbum de los lugares que visitó en sus vacaciones. ¿Y qué te parece la idea de hacer un álbum sobre tu mejor amigo o sobre tu perro o tu gato? En la página que sigue te enseñamos cómo hacerlo.

Álbum sobre un amigo o un animal

Para empezar ● Una buena manera de empezar un álbum como éste es poner una foto o un dibujo de tu amigo o de tu animal. Debajo, escribe algo interesante o chistoso.

Más adelante ● Otras cosas que puedes poner en tu álbum:

* Datos sobre tu amigo o animal (edad, color de pelo o piel, color de ojos, tamaño, etc.)
* Cuándo y cómo se conocieron
* Las cosas que les gusta hacer juntos
* Cosas que le gustan o le molestan a tu amigo o a tu animal
* Hechos raros o sorprendentes sobre tu amigo o tu animal

El álbum terminado ● Las ideas de esta lista te ayudarán a organizar tu álbum:

✔ **Haz** una cubierta llamativa.
✔ **Organiza** toda la información de modo que siga un orden. (Podrías organizar las páginas del álbum empezando con los recuerdos más antiguos y siguiendo con los más recientes.)
✔ **Coloca** las fotos, los dibujos y el texto de forma que cada página resulte atractiva e interesante.
✔ **Trata** tu álbum con mucho cuidado.

Listas

Madres, padres, alcaldes, mecánicos, cocineros: todos escriben **listas**. Las listas son muy útiles para hacer algunos trabajos. Mira esta lista de comida para 10 animales que hizo una cuidadora del zoológico. (¡Qué cantidad!)

alfalfa: 800 libras
manzanas: 30 libras
zanahorias: 30 libras
papas: 25 libras
pescado: 60 libras

¿Por qué es útil una lista?

Las listas te pueden ayudar a recordar algo, a reunir temas para redactar, a pensar de distintas maneras, y también a divertirte. Las tres páginas siguientes te enseñan a hacer todas estas cosas. Una vez que empieces a hacer listas, ¡no vas a querer parar!

1. Recordar cosas

¿De qué te tienes que acordar? ¿Quehaceres en la casa? ¿Tareas? Haz una lista. Sergio hizo una lista de las cosas que necesitaba para su proyecto de estudio de la vida en una charca:

pegamento
papel de colores
cinta adhesiva
lápices de colores
hilo
creyones
pedacitos de papel de seda

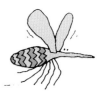

2. Reunir temas para redactar

Durante una semana de mucho calor en Adelanto, California, los estudiantes hicieron una lista de palabras sobre el calor. Buscaron palabras por todos lados. Al final de la semana, tenían una lista de 20 palabras para el tema *¡Hace calor!* Aquí tienes algunas de ellas:

caliente, sol, soleado, abrasador, ardiente, hirviendo, bochorno, sofocante...

Los estudiantes usaron su lista de palabras para escribir cuentos exagerados sobre el calor. También escribieron cuentos personales sobre el verano. Hacer una lista los ayudó a encontrar ideas para sus redacciones.

3. Pensar de maneras distintas

Las listas nos ayudan a pensar en cosas nuevas. Hay un libro que se titula *14,000 razones para sentirse feliz*. Los autores pensaron en muchos motivos diferentes para estar contentos. Aquí están algunos de ellos:

* ver salir la luna en el cielo
* un juego de béisbol con más de 9 entradas
* el conejo Bugs Bunny
* (¡y 13,997 motivos más!)

Los estudiantes lo ponen en práctica ● Algunos estudiantes de Beaufort, South Carolina, hicieron una lista de 100 cosas que los hacen sentirse felices y la colgaron en el salón de clase. Éstas son cinco cosas de su lista:

comer dulces
montar en bicicleta
visitar a un amigo
ir a pescar con papá
cocinar con abuelita

4. Divertirse

A la poetisa Lada Josefa Kratky le gusta divertirse con la poesía. En uno de sus poemas, hace una lista de los tipos de árboles que había en una granja fabulosa.

> *Había árboles de rosquitas,*
> *de taquitos, de carnitas;*
> *había un árbol de enchiladas,*
> *y uno chiquito de tostadas.*

(Cuatro versos de "La granja fabulosa" en *De canciones a cuentos* de Lada Josefa Kratky, © 1999. Reproducidos con permiso de Hampton-Brown.)

Una lista de compras ● Para divertirse, Roberto escribió una lista de compras, de la A a la Z, para un hipopótamo:

A	arroz	D	dátiles
B	bizcochos	E	elotes
C	col	F	frijoles

La lista termina con zanahorias. ¿Puedes imaginarte qué viene entre los frijoles y las zanahorias? Inténtalo.

PRÓXIMA PARADA Haz tu propia lista de compras. Puedes comprar 10, 20 ó 30 cosas, las que necesites. Compra cosas para ti mismo, para tu hermanito, para tu perro o tu gato o para cualquiera. Compra comidas ricas o asquerosas, o comidas nuevas que tú hayas inventado.

Luis: No te olvides de comerte tus zanahorias.

Óscar Rabajo

Notas
amistosas

¿Has recibido alguna vez una nota de alguien? Tal vez tu mamá o papá te dejó una nota con tu almuerzo. Quizá tu maestra te escribió una nota sobre un informe que hiciste, o tu mejor amiga te envió una nota secreta.

Breve y rápida

Una **nota** se diferencia de una carta porque la escribes deprisa y no tienes que poner la dirección ni una estampilla en un sobre. Basta con que la entregues en mano, o la pongas donde la persona la encuentre. ¡Lo más divertido es recibir la respuesta!

Razones para enviar notas

Puedes enviar una nota amistosa en cualquier momento y por cualquier razón. Por ejemplo:

Para dar las gracias

¿Ha hecho alguien algo especial por ti? ¿Hay alguien a quien deberías darle las gracias? Díselo en una nota.

Querida Doña Elena,
Muchas gracias por encontrar mi culebra. ¡Es usted la mejor vigilante de escuela del mundo!
Moisés

Para pedir un favor

¿Necesitas ayuda para aprender un nuevo juego o en un proyecto que estás haciendo? A la mayoría de la gente le gusta ayudar a otros. ¡Sólo tienes que decirlo!

Querido José,
Estoy muy contento de que estés en mi clase este año. Me gustaría que me enseñaras cómo haces para patear tan alto la pelota de fútbol. Encontré esta adivinanza:
Si los amarras, se van contigo;
si los sueltas, se quedan tranquilos. ¿Qué son?

Tu amigo,
Miguel

los zapatos

Para mandar un mensaje especial

A veces es importante comunicarle a una persona el afecto que sientes por ella.

Querida Sara,

El fin de semana pasado fuimos a una reserva ecológica. En una parte vimos muchos pájaros. Pensé en ti porque sé que te encantan los pájaros.

Tu amiga,
María

Para contarle algo a alguien

A muchos amigos les gusta contarse cosas nuevas o interesantes. Puedes hacerlo con una nota.

Hola J,

¿Viste el libro de chistes que trajo el Sr. Álvarez a la clase? Éste es mi chiste favorito del libro:

Maestra: ¿Por qué no puede medir más de 11 pulgadas la mano de una persona?

Estudiante: Porque si midiera 12 pulgadas sería un pie.

Nos vemos después,
Víctor

Ideas divertidas

1. Usa papel especial (o crea tu propio papel).

2. Adorna tu nota con un dibujo.

3. Pon un toque especial para hacer que tu nota sea más interesante. (Usa un código secreto, una adivinanza, etc.)

Susie:
Esta estrella es para ti. ¿Sabes por qué?
    Sra. Vargas

Ari,
Nos vemos después de las clases.

Teddy

Ojos Verdes:
Destapa el reloj. Nos vemos a esa hora.

Estrella Lejana

a las
2:15

Escríbele una nota a alguien que no conoces muy bien. Así puedes empezar una nueva amistad .

Cartas amistosas

Es divertido escribir una **carta amistosa**, y es aún más divertido recibirla. Las cartas nos mantienen en contacto con amigos y parientes que viven lejos, y nos ponen en contacto con personas a las que admiramos.

Las partes de una carta amistosa

Las cartas amistosas tienen cinco partes: *el encabezamiento, el saludo, el texto, la despedida y la firma.*

1 El **encabezamiento** incluye tu dirección y la fecha.

2 El **saludo** normalmente empieza con la palabra "Querido" o "Estimado", seguida por el nombre de la persona a quien escribes. Pon dos puntos después del nombre.

3 El **texto** de la carta contiene tus pensamientos e ideas.

4 La **despedida** puede decir desde "Cariños" hasta "Atentamente". Pon una coma después de la despedida.

5 Pon tu **firma** bajo la despedida.

MODELO de un estudiante

Andrea Curé le escribió a la Sra. Nathan, su maestra de tercer grado. La Sra. Nathan, que se había mudado, le había enviado a Andrea una carta con una fotografía.

1256 Calle San Juan
San Antonio, TX 78217
2 de junio de 1997

Querida Sra. Nathan:

¡Se ve muy bien en la foto! Viajar a Yosemite me parece muy emocionante. ¡Pues qué bueno que usted y el Dr. Nathan estén haciendo algo especial todos los fines de semana!

Le digo que puede sentirse bien orgullosa de estar tocando el Concierto en Do de Mozart, aunque sea una versión fácil. Yo estoy en el nivel 3 de piano.

La escuela Morse se ve muy bien ahorita. Casi han acabado con la remodelación. Quisiera que la viera. Ya pronto vamos a mudarnos a los salones remodelados.

Mi nueva maestra es la Sra. Vásquez. Muchos de los estudiantes que estaban en la clase de usted el año pasado están en mi clase.

Envíeme más noticias sobre California, por favor.

Con cariño,

Andrea

P.D. Me gustaron los corazoncitos que puso en el sobre.

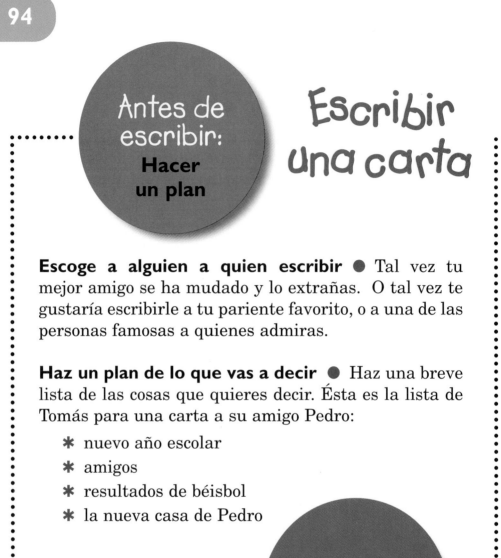

Antes de escribir:
Hacer un plan

Escribir una carta

Escoge a alguien a quien escribir ● Tal vez tu mejor amigo se ha mudado y lo extrañas. O tal vez te gustaría escribirle a tu pariente favorito, o a una de las personas famosas a quienes admiras.

Haz un plan de lo que vas a decir ● Haz una breve lista de las cosas que quieres decir. Ésta es la lista de Tomás para una carta a su amigo Pedro:

* nuevo año escolar
* amigos
* resultados de béisbol
* la nueva casa de Pedro

Escribir el borrador

Incluye tus mejores ideas ● Escoge una idea de la lista para empezar. Luego, sigue añadiendo ideas y detalles hasta que hayas dicho todo lo que querías.

Revisar: Mejorar lo que has escrito

Revisa tu trabajo ● Acuérdate de que cuando la persona reciba la carta, tú no vas a estar allí para explicar lo que has escrito. Asegúrate de que todo esté claro y completo.

* ¿Hay algo que necesito explicar mejor?
* ¿Tiene mi carta detalles interesantes?

Corregir

Vuelve a leer ● Revisa tu carta para ver si encuentras algún error.

* Busca errores de ortografía y de puntuación.
* Copia la carta en limpio antes de enviarla.
* Asegúrate de que hayas escrito bien la dirección.

Cuando escribimos a personas que conocemos bien, podemos añadir toques personales, como dibujitos.

Narraciones
personales

¿Alguna vez le has dicho a un amigo, "Adivina lo que me pasó"? Claro que sí. A todos nos gusta contar historias de cosas que nos han ocurrido. Nos parece tan importante como el helado o las vacaciones de verano. Estas historias se llaman **narraciones personales**.

De la palabra a la escritura

Este capítulo te muestra cómo escribir narraciones personales que sean tan emocionantes como las que les cuentas a tus amigos. Lee el modelo de la página siguiente. Luego, empieza tu relato. (Sigue los pasos de las páginas 98–99.)

NUNCA TE QUEDARÁS SIN IDEAS PARA UNA NARRACIÓN PERSONAL. CADA DÍA TRAE NUEVAS EXPERIENCIAS.

MODELO de un estudiante

Lee esta narración personal escrita por Alfonso Arellano.

Ahí hay algo

Un día de febrero, cuando mi papá y yo estábamos desarmando un viejo gallinero que había detrás de la casa, arranqué una tabla y vi algo.

—¿Qué es eso? —dije.

—Es sólo un montón de trapos grises viejos —dijo mi papá.

Luego arranqué otra tabla y vi algo rosado y blanduzco.

—Papá, ¿pueden tener los trapos viejos una naricita rosada?

Por fin mi papá miró bien dentro del gallinero. —¡Es una zarigüeya! Acabamos de despertarla.

La zarigüeya salió caminando como si estuviera mareada, y desapareció entre los árboles. Mi papá y yo nos reímos mucho.

Escribir una narración personal

Hacer un plan

Haz una lista ● Escribe varias cosas que te han pasado. Incluye acontecimientos felices, cómicos, extraños o importantes.

Elige una idea ● Subraya la idea de tu lista que más te interesa. Si puedes contestar *sí* a estas preguntas, has escogido un buen tema.

* ¿Me produce sensaciones intensas (de alegría o de tristeza)?

* ¿Puedo recordar detalladamente todo lo que vi, oí y sentí en ese momento?

* ¿Me gustaría contarles este relato a otros?

Haz un plan ● Escribe todas las cosas que pasaron. (También puedes hacer dibujos sencillos, como en las tiras cómicas.)

Escribir el borrador

Narra con emoción ● Escribe tu narración como si estuvieras contándosela a tu mejor amigo. ¡Haz que sea emocionante!

* Usa palabras como *primero* y *después* para ayudar a los lectores a seguir la historia.

* Usa palabras que ayuden al lector a imaginarse cómo era lo que describes:

Vi algo rosado y blanduzco.

* Pon las palabras exactas que se usaron:

Papá, ¿pueden tener los trapos viejos una naricita rosada?

Lee y revisa ● Lee en voz alta tu borrador. Asegúrate de que has incluido todos los puntos importantes. Revísalo para ver si tus ideas son claras y si están en el orden correcto.

Revisar: Mejorar lo que has escrito

Vuelve a leer ● Revisa todas las oraciones para buscar errores de ortografía o de puntuación. Luego, pasa tu narración a limpio para leérsela a la clase.

Corregir

Relatos
de familia

Muchas familias tienen relatos que se repiten una y otra vez. Alcides Ruiz se ríe cada vez que alguien cuenta la historia de cuando su tío se comió 17 panqueques. Juanita Benítez siempre le pide a su abuelo que le cuente la historia de cuando él tenía 11 años y manejó con su familia desde México hasta California.

Momentos de la vida en familia

Hay muchos tipos de **relatos de familia**. Algunos se pueden contar en pocas líneas, y otros nunca terminan. Estos relatos son una parte importante de nuestras vidas y nos muestran que las familias pueden inspirar admiración o provocar sonrisas. En este capítulo verás cómo escribir relatos de familia llenos de vida.

MODELOS de estudiantes

Pasa los panqueques

¡Una vez mi tío se comió 17 panqueques! Mi papá y mi tío Pedro hicieron una apuesta, pero mi papá se sintió mal después de comer 14. Después dijo que no debería haberles puesto sirope. Mi mamá se enojó: "Los adultos no deben hacer cosas así".

Cada vez que comemos panqueques pienso en mi tío y en mi papá. Yo no puedo comer más que cuatro.

En la carretera

¿Puedes creer que un niño de once años manejó desde México hasta California? ¡Mi abuelo lo hizo! Su papá había muerto y su mamá quería mudarse a California. Pero ella no sabía manejar y tenía miedo de aprender. Así que su hermano le enseñó a mi abuelo y éste manejó todo el camino.

El abuelo dice que lo más difícil fue escuchar las quejas de todos. Su hermana de siete años decía: "No es justo. ¡Yo quiero manejar!". Su hermanito de cinco años decía: "Estoy mareado. Voy a vomitar". Y su mamá gritaba: "¡Cuidado!".

Siempre le pido a mi abuelo que me enseñe a manejar. Mi papá dice que ni hablar, pero mi abuelo dice: "Espera hasta que tengas once años".

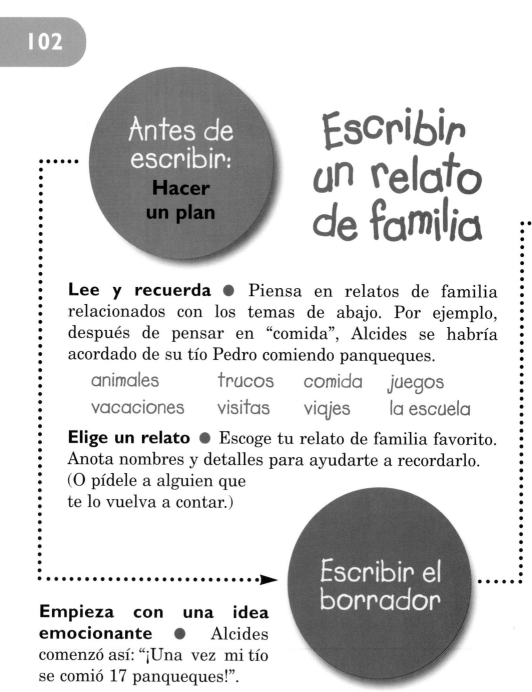

Antes de escribir:
Hacer un plan

Escribir un relato de familia

Lee y recuerda ● Piensa en relatos de familia relacionados con los temas de abajo. Por ejemplo, después de pensar en "comida", Alcides se habría acordado de su tío Pedro comiendo panqueques.

animales   trucos   comida   juegos

vacaciones   visitas   viajes   la escuela

Elige un relato ● Escoge tu relato de familia favorito. Anota nombres y detalles para ayudarte a recordarlo. (O pídele a alguien que te lo vuelva a contar.)

Escribir el borrador

Empieza con una idea emocionante ● Alcides comenzó así: "¡Una vez mi tío se comió 17 panqueques!".

Añade detalles ● En su relato, Juanita añadió detalles para explicar cómo fue el viaje que hizo su abuelo. Incluyó información sobre la hermana que se quejaba, el hermano mareado y la madre nerviosa.

Revisar:

Mejorar lo que has escrito

Revisa tu borrador ● Mientras lees, busca cosas que hay que cambiar.

* ¿Te olvidaste de algún detalle importante?
* ¿Algunas oraciones son difíciles de leer?
* ¿Hay una oración que sonaría mejor en otro lugar?

Léeles tu trabajo a otros ● Reúnete con un grupo de compañeros y lean sus relatos en voz alta. Escuchen atentamente para que puedan decir lo que les gusta de cada relato y lo que no se entiende muy bien. Tal vez tus compañeros te den buenas sugerencias para mejorar tu relato.

Corregir

Vuelve a leer ● Asegúrate de que estén claras todas tus oraciones. ¿Empezaste todas con mayúscula? ¿Pusiste en cada oración los signos de puntuación correctos? Busca también errores de ortografía. Luego escribe una copia final.

Escritos temáticos

Libros
alfabéticos

¿Has jugado alguna vez a inventar versos como éstos, usando las letras del alfabeto?

A Me llamo Alicia y mi esposo se llama Alfonso.
Venimos de Argentina y vendemos ajo.

B Me llamo Bárbara y mi esposo se llama Benito.
Venimos de Bolivia y vendemos bananas.

Cuando organizas un escrito, cómico o serio, según las letras del abecedario, estás haciendo un **libro alfabético**.

De la A a la Z

Hay libros alfabéticos sobre muchos temas: **a**viones, **b**éisbol, **c**asas, **d**inosaurios, **e**nergía, **f**lores, **g**atos... ¿Ves qué fácil es? En las cuatro páginas siguientes encontrarás más información sobre los libros alfabéticos y podrás empezar tu propio libro.

MODELOS de estudiantes

Aquí tienes partes de dos libros alfabéticos. Carlos organizó su libro poniendo el nombre de un dinosaurio para cada letra, e incluyó los mismos tipos de datos para cada uno.

UN ABC DE DINOSAURIOS

ALOSAURO SIGNIFICA "LAGARTO DIFERENTE". ESTE DINOSAURIO MEDÍA 34 PIES DE LONGITUD Y PESABA 4 TONELADAS. COMÍA CARNE.

BRAQUIOSAURO SIGNIFICA "LAGARTO CON BRAZOS". MEDÍA 85 PIES DE LONGITUD. PESABA 70 TONELADAS Y COMÍA PLANTAS.

CETIOSAURO SIGNIFICA "LAGARTO BALLENA". MEDÍA 45 PIES DE LONGITUD Y PESABA 10 TONELADAS. COMÍA PLANTAS.

Julia puso en orden alfabético una lista de nombres relacionados con el espacio. Luego añadió dos datos sobre cada uno. (Esta parte está en el medio de su libro.)

Un ABC del espacio

Leo es un grupo de nueve estrellas. Se puede ver en el hemisferio norte entre abril y mayo.

Mercurio es el planeta más cercano al Sol. Tiene cráteres como los que hay en la Luna.

Una **nebulosa** es una nube de gas y polvo. Las estrellas y los planetas nacen en las nebulosas.

Antes de escribir:
Hacer un plan

Escribir libros alfabéticos

Elige un tema ● Piensa en un tema que tenga muchos ejemplos o partes, como *flores* o *aviones*.

Enumera cosas relacionadas ● Haz una lista de cosas, de la A a la Z, que tengan que ver con el tema principal. Carlos empezó con enumerar diferentes tipos de dinosaurios.

Estudia el tema ● Aprende lo más que puedas sobre el tema. Toma notas mientras lees y estudias.

Escribir el borrador

Selecciona los datos ● Incluye algunos datos del mismo tipo para cada cosa de tu lista. Carlos dio el significado del nombre de cada dinosaurio, su tamaño y lo que comía. Julia ofreció dos datos importantes sobre cada cosa.

Expresa tus ideas con claridad ● Escribe oraciones interesantes para cada cosa de tu lista.

Revisar:
Mejorar lo que has escrito

Lee y revisa ● Asegúrate de que has puesto los mismos tipos de datos para cada cosa. Asegúrate también de que todas tus oraciones se entienden bien.

Vuelve a leer ● Revisa la ortografía. Comprueba también que las oraciones empiezan con mayúscula y que la puntuación es correcta.

Prepara tu copia final ● Decide cómo va a ser la copia final de tu libro. ¿Vas a incluir dibujos? ¿Vas a diseñar tu libro en una computadora? (En la página 33 hallarás las instrucciones para hacer un libro.)

Corregir

¡Haz que tu libro sea emocionante e interesante!

Libros alfabéticos chistosos

Laura hizo un plan para su libro alfabético chistoso.

Primer paso ● Primero hizo tres listas.

Nombres de personas	Palabras que significan "gustar"	Nombres de flores
Ana	adora	azucenas
Bruno	besa	begonias
Cris	cuida	camelias

Siguiente paso ● Luego escribió una oración con la "A" para la página de la "A", otra con la "B" para la de la "B", etc. En cada página dibujó la flor correspondiente.

El ABC de flores de Laura
Ana adora las azucenas.
Bruno besa las begonias.
Cris cuida las camelias.

PRÓXIMA PARADA

Piensa en una idea divertida para un libro alfabético. Podrías hacer uno sobre la comida: *Anita almacenó alcachofas.* O uno sobre la geografía: *Beto fue en barco hasta Brasil.* ¡Hay miles de posibilidades!

Artículos
de periódico

Una clase creó su propio periódico, *El expreso,* que incluía noticias y artículos de interés general.

Un **artículo noticioso** informa sobre un acontecimiento importante. Uno de los artículos periodísticos de *El expreso* hablaba sobre una campaña de reciclaje. Un **artículo de interés general** informa de temas de interés para los estudiantes. Uno de estos artículos en *El expreso* trataba de los estudiantes y sus animales.

Expresa tus opiniones

Otra sección del periódico de los estudiantes presentaba las cartas al director. Una **carta al director** expresa lo que piensa el autor sobre un tema importante. En las páginas siguientes puedes conocer mejor estos tres tipos de artículos.

MODELO: Artículo noticioso

EL EXPRESO

1 El aula 202 reúne 22,000 latas para reciclar

por Jesse Murino **2**

3 La clase de la Sra. Alou reunió 22,000 latas de aluminio en sólo seis semanas. Los estudiantes pidieron a sus familiares que donaran latas, y ellos mismos hallaron muchas. Los $1,200 del reciclaje se emplearán para comprar árboles que serán plantados en el lado sur del campo de recreo.

4 "Han hecho muy buen trabajo", dijo Patricia Gómez, directora de la escuela. "En años venideros todo el que vea los árboles se acordará de estos niños."

Cuando se recortó el presupuesto para árboles, los estudiantes pensaron en distintas maneras de obtener el dinero. A Sam Jensen se le ocurrió reunir latas. Todos pensaron que era una buena idea.

La Sra. Alou dijo: "Me siento orgullosa del trabajo que han realizado mis estudiantes". **5**

Las partes de un artículo noticioso

1 El **titular** dice de qué trata el artículo.

2 La línea del **autor** dice quién escribió el artículo.

3 La **introducción** cuenta los hechos más importantes.

4 El **desarrollo** contiene más información sobre el tema.

5 El **final** ayuda al lector a recordar el artículo.

Escribir un artículo noticioso

Antes de escribir:

Hacer un plan

Elige un tema ● Escribe sobre un acontecimiento importante en tu escuela o comunidad.

* ¿Ha ido tu clase a algún sitio?

* ¿Acaba de terminar tu clase un proyecto importante?

* ¿Pasa algo en tu comunidad?

Reúne los hechos ● Aquí tienes diferentes maneras de reunir información para tu artículo noticioso:

* Entrevistar Puedes hacerles preguntas sobre el tema a varias personas.

* Observar Puedes observar con atención y describir lo que ves y escuchas.

* Leer Puedes leer sobre el tema para tratar de entenderlo mejor.

LOS ARTÍCULOS NOTICIOSOS RESPONDEN A LAS CINCO PREGUNTAS BÁSICAS: (¿QUÉ? ¿QUIÉN? ¿DÓNDE? ¿CUÁNDO? Y ¿POR QUÉ?). AL REUNIR INFORMACIÓN, BUSCA LAS RESPUESTAS A ESTAS PREGUNTAS.

Escribir el borrador

Escribe la introducción ● Las primeras líneas del artículo son la **introducción**. La introducción debe dar datos importantes sobre el tema.

La clase de la Sra. Alou (**quién**) reunió 22,000 latas de aluminio (**qué**) en sólo seis semanas (**cuándo**).

Desarrolla el tema ● La parte principal, el desarrollo, debe dar más datos e ideas sobre el tema.

Más datos Los $1,200 del reciclaje se emplearán para comprar árboles que serán plantados en el lado sur del campo de recreo.

Escribe el final ● Tu final debe decir algo que ayude a los lectores a recordar lo que han leído.

La Sra. Alou dijo: "Me siento orgullosa del trabajo de mis estudiantes".

Revisar y corregir

Revisa tu trabajo ● Asegúrate de que has respondido a las *Cinco preguntas básicas* y de que has escrito bien todos los nombres.

Artículo de interés general

Algunos estudiantes de la Sra. Ruiz encuestaron a sus compañeros del cuarto grado preguntándoles qué animales tenían. Después, escribieron un artículo con los resultados.

MODELO : Artículo

Empieza de una manera divertida.

Los perros ganan por tres

Para los estudiantes del cuarto grado los gatos son buenos, pero los perros son los reyes.

Incluye todos los detalles.

La clase de la Sra. Ruiz hizo una encuesta esta semana para ver qué tipo de animal era más popular entre los estudiantes de cuarto grado. El animal más común era el perro: quince estudiantes tenían perros. Después de los perros, los más populares eran los gatos: doce personas tenían gatos. Terceros en popularidad eran los peces: cinco personas tenían peces. Pájaros y hámsters quedaron empatados en cuarto lugar: dos estudiantes tenían hámsters y dos tenían pájaros. ¡Y un estudiante tenía una culebra! Perros, gatos, culebras... da igual. A todos nos gustan los animales.

Termina con una idea interesante.

Carta al director

Todos tenemos derecho a expresar nuestras ideas sobre temas importantes. Puedes poner en práctica este derecho escribiendo cartas al director de tu periódico.

 : **Carta**

12 de octubre de 1997

Director
El expreso
Escuela Granger
Charlotte, VT   05445

Expresa tus opiniones.

Estimado Director:
　　Los estudiantes de tercer grado necesitamos que la biblioteca esté abierta más horas. En tercer grado empezamos a escribir informes y necesitamos usar la biblioteca después de clase.
　　Cinco padres han dicho que trabajarían en la biblioteca después de las clases. A muchos estudiantes de cuarto grado también les gustaría que la biblioteca quedara abierta. La estudiante de cuarto grado Gadi McBride dijo: "Si la biblioteca estuviera abierta, podríamos practicar en las computadoras".
　　Nos gustaría que se discutiera este tema en la próxima reunión de maestros.

Incluye datos importantes.

Pide una solución.

Gracias,

Uri Levanon
Uri Levanon, Tercer grado

Reseñas
de libros

¡A todos los estudiantes del salón 14 les gusta la hora de las reseñas! Los que las escriben disfrutan leyéndolas en clase, y a los demás les gusta conocer libros nuevos.

Da a conocer tus opiniones

En la **reseña de un libro** puedes decir exactamente lo que piensas sobre el libro. ¿Es tan bueno que no querías acostarte hasta acabarlo? ¿Te hizo reír o pensar mucho? ¿Te encanta el personaje principal? ¿Hay mucha acción?

Este capítulo te ayuda a escribir fascinantes reseñas de libros. En él encontrarás ideas para empezar, modelos de estudiantes y consejos útiles.

Para empezar

Por lo general, una reseña responde a tres preguntas:

 ¿De qué trata el libro?

¿Por qué me gusta este libro? **2**

¿Cuál es la idea principal del autor? **3**

MODELO de un estudiante

Aquí puedes ver cómo respondió a estas preguntas la reseña que hizo David Magiera de un libro de no ficción (un libro que presenta hechos reales).

Salven mi selva

1 Salven mi selva, de Monica Zak, cuenta la historia de cómo Omar Castillo ve en la televisión la destrucción de la Selva Lacandona y decide tratar de salvarla. Él y su papá caminan desde México, D.F., hasta Tuxtla, unos 1,400 kilómetros al sur, con una bandera que dice "Protejamos la selva". Después, Omar habla con el Presidente.

Me gustó la historia porque trata **2** de un niño que hace algo emocionante.

Es triste porque dice que siguen talando los árboles de la selva, pero muestra que los niños quieren salvarla. **3**

Escribir una reseña

Antes de escribir:
Hacer un plan

Elige un libro ● Escoge un libro que te interese. Puede ser de aventuras, de fantasía, de deportes... da lo mismo.

Reúne ideas ● Usa las preguntas de la página siguiente para reunir ideas para la reseña. Toma notas.

Responde a las preguntas ● Usa tus notas para ayudarte a escribir respuestas a las tres preguntas. Acuérdate también de mencionar el título y el autor del libro.

Escribir el borrador

Revisa el borrador ● ¿Has respondido a las tres preguntas? ¿Está claro lo que dicen tus oraciones?

Revisar y corregir

Vuelve a leer ● Asegúrate de que has escrito bien el nombre del autor y de que has subrayado el título del libro. Después de corregir todos los errores de ortografía y puntuación, haz una copia en limpio para publicar.

LA SECCIÓN "REVISAR TU TRABAJO" TE PUEDE AYUDAR A HACER UNA RESEÑA EMOCIONANTE E INTERESANTE. (CONSULTA LAS PÁGINAS 43-47.)

Tabla de ideas

Las preguntas de esta tabla te pueden ayudar a pensar en el libro. Hay ideas para libros de ficción (hechos imaginarios) y de no ficción (hechos reales).

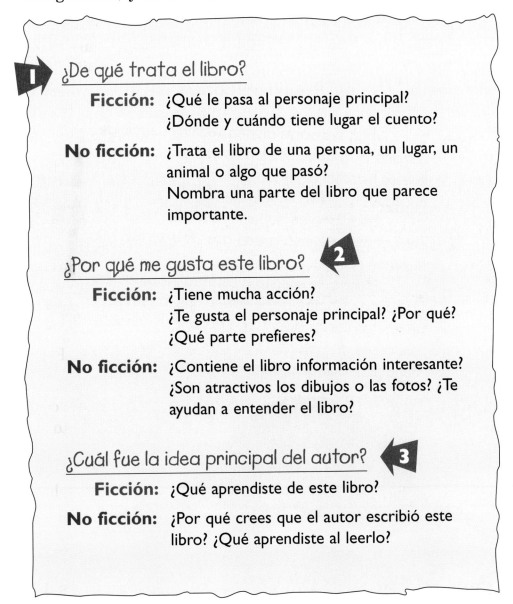

1 ¿De qué trata el libro?

Ficción: ¿Qué le pasa al personaje principal?
¿Dónde y cuándo tiene lugar el cuento?

No ficción: ¿Trata el libro de una persona, un lugar, un animal o algo que pasó?
Nombra una parte del libro que parece importante.

¿Por qué me gusta este libro? **2**

Ficción: ¿Tiene mucha acción?
¿Te gusta el personaje principal? ¿Por qué?
¿Qué parte prefieres?

No ficción: ¿Contiene el libro información interesante?
¿Son atractivos los dibujos o las fotos? ¿Te ayudan a entender el libro?

¿Cuál fue la idea principal del autor? **3**

Ficción: ¿Qué aprendiste de este libro?

No ficción: ¿Por qué crees que el autor escribió este libro? ¿Qué aprendiste al leerlo?

MODELO de un estudiante

Suzie Villafuerte hizo esta reseña de un libro de ficción. Cada párrafo responde a una de las tres preguntas.

Mi abuela ha encogido

1 ¿Has pensado alguna vez en reducir de tamaño a tu abuela? Ésta es la loca idea en que se basa el argumento de Mi abuela ha encogido de Elvira Chalao.

2 Este libro es muy chistoso. Me encantaría volverlo a leer. Los dibujos me hicieron reír mucho.

3 El libro te enseña a usar tu imaginación. La señora Chalao debe saber que los niños necesitan libros divertidos para leer durante los meses de verano. Creo que el verano que viene yo misma voy a escribir uno.

¡Cómo has crecido!

GLOSARIO de literatura

Las palabras de esta lista te ayudarán a entender y escribir reseñas de cuentos y libros.

El **argumento** es la sucesión de hechos de un cuento.

Una **autobiografía** cuenta la vida del autor.

Una **biografía** cuenta la vida de otra persona.

El **diálogo** es la conversación entre personajes del cuento.

Una obra de **ficción** narra una historia inventada.

El **final**, o desenlace, termina el cuento.

Un **mito** muchas veces explica un misterio de la naturaleza.

El **momento** y el **lugar** del cuento se refieren a cuándo y dónde ocurre lo que se narra.

La **moraleja** es la lección de una fábula o cuento.

El **narrador** es la persona o el personaje que cuenta la historia.

Una obra de **no ficción** narra hechos reales.

Un **personaje** es una persona o animal de un cuento.

El **problema**, o conflicto, es la causa de lo que sucede en el argumento.

Un **suceso** es algo que ocurre en el cuento.

El **tema** es la idea principal o el mensaje de la obra.

Cartas
formales

Las cartas formales pueden ser útiles por distintas razones. Te permiten pedir productos, buscar información para un proyecto o tratar de resolver un problema.

¿Qué es una carta formal?

Una **carta formal** se distingue de la carta que le escribes a un amigo porque es más seria y sólo trata de un tema. Todas las cartas formales se parecen porque todas siguen el mismo formato. Este capítulo te muestra cómo escribir este tipo de cartas.

Tipos de cartas formales

En esta página se describen dos tipos de cartas formales: *una carta que pide información* y *una carta que trata de resolver un problema.*

Una carta que pide información ● Imagínate que necesitas información para tu proyecto de ciencias o que te quieres inscribir en un club. En un caso así, puedes escribir para pedir información. Esto es lo que debes incluir:

* **Explica por qué estás escribiendo.**
* **Haz preguntas.**
* **Explica lo que quieres.**
* **Da las gracias por la ayuda.**

Una carta que trata de resolver un problema ● Imagínate que tienes que esperar mucho tiempo fuera hasta que se abren las puertas de la escuela; o que compraste por correo golosinas para tu perro y te mandaron un libro sobre cómo enseñarle trucos. Para resolver estos problemas, puedes escribir una carta. Hazlo así:

* **Describe el problema.**
* **Explica una posible causa del problema.**
* **Sugiere una manera de resolver el problema.**
* **Da las gracias por la ayuda.**

Las partes de una carta formal

Éstas son las seis partes de una carta formal. La carta de la página siguiente te las muestra.

1 **Encabezamiento:** tu dirección y la fecha.

2 **Nombre y dirección:** el nombre y la dirección de la persona o compañía a quien escribes. Si la persona tiene un título, pon una coma y el título después del nombre.
EJEMPLO: *Sr. Luis Calvo, Jefe del laboratorio*

3 **Saludo:** una manera de decir "hola". Usa siempre dos puntos (:) después del nombre de una persona. Usa *Sr.* para hombres y *Sra.* o *Srta.* para mujeres.
EJEMPLO: *Estimado Sr. Calvo:*

4 **Texto:** la parte principal de la carta. Aquí pides lo que quieres y pones los detalles importantes.

5 **Despedida:** una manera de decir "adiós". Usa *Atentamente* o *Afectuosamente*. Pon siempre una coma después de la despedida.

6 **Firma:** tu nombre bajo la despedida. Si estás usando una computadora, deja cuatro líneas en blanco y escribe tu nombre entero. Luego, firma entre la despedida y el nombre impreso.

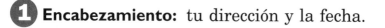

MODELO de un estudiante

Félix Juárez le envió una carta a un experto local pidiendo información sobre los animales que viven en el área de la Bahía de San Francisco.

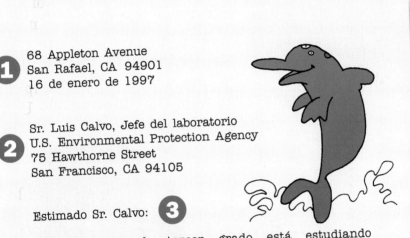

 68 Appleton Avenue
San Rafael, CA 94901
16 de enero de 1997

 Sr. Luis Calvo, Jefe del laboratorio
U.S. Environmental Protection Agency
75 Hawthorne Street
San Francisco, CA 94105

Estimado Sr. Calvo: **3**

Nuestra clase de tercer grado está estudiando comunidades de animales, y mi grupo está estudiando las de la bahía de San Francisco. Nuestra maestra nos dijo que su agencia trabaja mucho en este tema.

4 Por favor, ¿podría mandarnos información sobre los animales del área de la bahía? También quisiéramos saber cómo hace usted su trabajo.

Además quería pedirle si por favor podría sugerir uno o dos títulos de libros que usted cree que serían útiles para nuestro tema.

Muchas gracias.

Atentamente, **5**

 Félix Juárez
Félix Juárez

Escribir una carta formal

Antes de escribir: Hacer un plan

Define tu propósito ● Decide si estás escribiendo para pedir información o para resolver un problema.

Reúne ideas ● Haz un plan de lo que vas a decir en la carta, usando la información de la página 123.

Escribir el borrador

Expresa tus ideas ● Explica claramente lo que quieres. (En la carta del ejemplo, Félix explicó que quería información sobre comunidades de animales.)

* Sigue el formato de una carta formal.

* Escribe párrafos cortos y usa sólo un lado del papel.

Revisar:
Mejorar lo que has escrito

Revisa tus ideas ● Asegúrate de que has incluido en tu carta toda la información importante.

Mejora el estilo ● Asegúrate de que tu carta sea fácil de leer. Escribe de nuevo las partes que no suenan bien.

Corregir

Vuelve a leer ● Busca errores de ortografía y puntuación. Asegúrate de que has escrito bien todos los nombres.

Revisa el formato ● Mira el formato de tu carta. (Debe seguir el modelo de la página 125.) Luego, prepara una copia en limpio de la carta para enviarla.

EN LA PÁGINA **129** APRENDERÁS CÓMO PONER LA DIRECCIÓN EN UN SOBRE Y CÓMO DOBLAR LA CARTA.

MODELO de un estudiante

En la carta de abajo, una estudiante trata de resolver un problema.

1860 Ninth Avenue
Keystone, Nueva York 12183
10 de octubre de 1997

Sr. Domingo Sánchez, Superintendente
Distrito escolar Keystone
623 Madison Avenue
Keystone, Nueva York 12183

Describe el problema.

Estimado Sr. Sánchez:

Estoy en el tercer grado y le escribo para hablarle de un problema. Los niños del autobús 26 llegan a la escuela tan temprano que tienen que esperar fuera hasta que abren las puertas.

Explica la causa.

El autobús 26 me recoge a las 7:30. Nos deja en la escuela a las 8:00. Las clases no empiezan hasta las 8:30, y las puertas están cerradas hasta las 8:20. Hace frío por la mañana. ¿Qué vamos a hacer cuando empiece a caer nieve?

Creo que deberíamos poder esperar en la biblioteca o en el gimnasio. A algunos niños les gusta leer. A otros les gusta jugar a la pelota.

Ofrece una solución.

Espero que usted pueda resolver este problema.

Atentamente,

Juana López
Juana López

Enviar tu carta

Poner la dirección en el sobre

- Escribe la dirección en letras mayúsculas y sin signos de puntuación. Usa las abreviaturas de dos letras para los estados. (Encontrarás una lista de estas abreviaturas en la página 325.)

- Pon tu dirección en la esquina superior izquierda del sobre. Pon la estampilla en la esquina superior derecha.

FÉLIX JUÁREZ
68 APPLETON AVENUE
SAN RAFAEL CA 94901

SR LUIS CALVO
US ENVIRONMENTAL PROTECTION AGENCY
75 HAWTHORNE STREET
SAN FRANCISCO CA   94105

Doblar la carta

- Dobla la carta en tres partes iguales.
- Asegúrate de que quede bien doblada.
- ¡Pon tu carta en el sobre, séllalo y busca un buzón para mandarla!

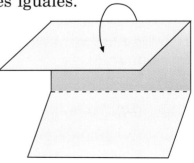

Escribir para explicar

Es fácil encontrar **explicaciones**. Puedes verlas en libros de ciencias, en juegos e incluso en cajas de cereales. Algunas nos ayudan a entender algo. Otras, llamadas "instrucciones", nos ayudan a hacer cosas. Aquí tienes un ejemplo de instrucciones:

Pon a prueba tu flexibilidad

1. Párate con los pies juntos.
2. Sin doblar las rodillas, intenta tocar el suelo frente a las puntas de los pies.
3. Quédate en esta posición durante cinco segundos. (Si puedes hacerlo, tu flexibilidad es buena.)

En la páginas siguientes te enseñamos a escribir instrucciones de modo que sean fáciles de entender, así que... ¡sigue leyendo!

Escribir instrucciones

Escoge un tema ● Piensa en algo que te gusta hacer o en un lugar que te gusta visitar.

Escoge un formato ● Decide si escribirás tus instrucciones en una lista o en un párrafo. (Consulta los ejemplos de las páginas 133–135.)

Escribir el borrador

Escribe los pasos ● Haz una lista de todos los pasos de las instrucciones, o escríbelas en un párrafo.

Escoge las mejores palabras ● Usa palabras específicas para que la explicación sea fácil de entender.

* Palabras de acción como *poner, parar* o *tomar* le dicen al lector qué es lo que debe hacer.

* Palabras de orden o tiempo como *primero, entonces* o *después* permiten que el lector siga los pasos.

Revisar:
Mejorar lo que has escrito

Lee de nuevo ● Repasa con cuidado las instrucciones. Usa estas preguntas para ayudarte a revisar el trabajo.

 * ¿Están claros los pasos?
 * ¿Los pusiste en el orden correcto?
 * ¿Usaste palabras precisas?

Corregir

Corrígelo ● Vuelve a leer para buscar errores de ortografía y de puntuación. Revisa todos los números y medidas. Luego, escribe una copia final para publicar.

Cuatro tipos de instrucciones

Cómo fabricar o construir algo

I

Jenny explica cómo hacer un criadero de mariposas. Mira los verbos que usa: *hacer, buscar, meter, colocar, poner, cambiar, mirar* y *quitar*. Estas palabras le dicen al lector qué debe hacer.

Un criadero de mariposas

Materiales: un envase de vidrio de un cuarto de galón, una oruga, hojas, un palito

1. **Haz** varios agujeros en la tapa del envase.
2. **Busca** una oruga en árboles o arbustos.
3. **Mete** la oruga en el envase. Pon también hojas de la planta donde encontraste la oruga.
4. **Coloca** dentro del envase un palito en posición vertical.
5. **Tapa** el envase y ponlo en un lugar sombreado.
6. **Cambia** las hojas cada dos días.
7. **Mira** todos los días. Primero, la oruga deja de comer. Después, hace un capullo alrededor del palito. Finalmente, el capullo se rompe y sale una mariposa.
8. **Quita** la tapa. No toques la mariposa. Cuando estén listas sus alas, echará a volar.

SE ALQUILA

Cómo hacer algo

El autor de este modelo nos explica cómo reciclar botellas y latas. Usa palabras como *primero*, *luego* y *finalmente* para explicarles a los lectores en qué orden deben hacer las cosas. Esta explicación sigue el formato de un párrafo.

Reciclar botellas y latas

Reciclar botellas y latas es fácil si sigues estos pasos. Primero, enjuaga los envases vacíos. Bota las tapas de las botellas porque no se pueden reciclar. Luego, pon las botellas y las latas limpias en una bolsa de plástico o en un recipiente de reciclaje. Finalmente, ponlas en el lugar asignado para que las recojan.

Cómo llegar a un lugar

En este modelo, Raquel explica cómo llegar a su casa desde la escuela. Usa *nombres de edificios*, *nombres de calles* y *número exactos* y le dice al lector si debe girar a la *derecha* o a la *izquierda*.

Cómo llegar a mi casa desde la escuela

1. Sal por la puerta principal de la escuela y dobla hacia la izquierda.
2. Camina dos cuadras. Dobla a la derecha en el semáforo.
3. Camina tres cuadras hasta el Mercado Alisal en la esquina. Dobla a la izquierda. Ésa es la calle Hill.
4. Camina hasta la tercera casa de la derecha. Mi dirección es 3827 Hill. Verás la puerta amarilla.

4 Cómo divertirse

Escribir instrucciones un poco locas es diver-tido. Luis explica cómo usar su máquina de tareas.

La máquina de tareas de Luis

1. **Saca** la máquina de tareas y préndela.
2. **Dile** en el oído exactamente qué es lo que tiene que hacer. Si tienes tres problemas de matemáti-cas, dile: "Tienes tres problemas de matemáticas".
3. **Pon** la tarea en la boca de la máquina.
4. **Dile** cosas bonitas a la máquina mientras trabaja.
5. **Saca** la tarea una vez que acabe la máquina.
6. **Revisa** las respuestas que dio la máquina.
7. **Comparte** una golosina si todas las respuestas son correctas.
8. **Haz** los problemas tú mismo si las respuestas no son correctas. (Y no compartas la golosina.)

Escritos de investigación

La biblioteca

Cuando estés buscando información, tu primera parada deber ser la **biblioteca**, donde encontrarás datos, fotos e ideas sobre miles de temas. Toda esta información está disponible en una gran variedad de medios de comunicación: revistas, periódicos, libros, videos y CDs.

Halla lo que buscas

La biblioteca puede ser de gran ayuda cuando haces informes u otros proyectos grandes. Este capítulo te explica cómo están organizados los materiales en las bibliotecas y cómo puedes encontrar lo que necesitas.

Cómo usar el catálogo de fichas

Si sabes dónde encontrarlos, puedes estudiar los lagartos en la naturaleza. (¿Conoces a un rastreador de lagartos?) Otra posibilidad es ir a la biblioteca. Para empezar, tendrás que usar el **catálogo de fichas**, que te dice dónde encontrar un libro. Cada libro suele tener tres fichas en el catálogo, y las fichas están en orden alfabético.

 Fichas de título: Hay una **ficha de título** para cada libro de la biblioteca. Si un título empieza con *Un, Una, El, La, Los* o *Las* y no lo encuentras, busca la segunda palabra.

Los reptiles de América del Sur (Busca *reptiles*.)

 Fichas de autor: Cada libro tiene una **ficha de autor**. El apellido del autor siempre va primero.

Matute, Ana María

 Fichas de tema: Muchos libros también tienen **fichas de tema**.

Puedes buscar bajo el tema LAGARTOS o REPTILES para encontrar libros sobre lagartos.

Pasos ● Sigue estos pasos cuando uses el catálogo general:

* Si conoces el título del libro, busca la ficha de título en el catálogo de fichas (o en la computadora).

* Si sólo conoces el nombre del autor, busca la ficha de autor.

* Si sólo sabes que necesitas información sobre cierto tema, busca la ficha de tema.

Ejemplos de fichas de catálogo

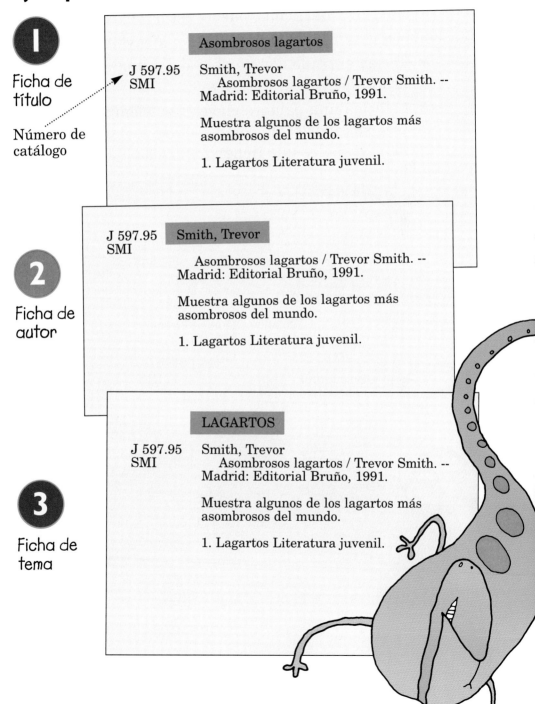

1

Ficha de título

Número de catálogo

> J 597.95
> SMI
>
> **Asombrosos lagartos**
>
> Smith, Trevor
>   Asombrosos lagartos / Trevor Smith. --
> Madrid: Editorial Bruño, 1991.
>
> Muestra algunos de los lagartos más
> asombrosos del mundo.
>
> 1. Lagartos Literatura juvenil.

2

Ficha de autor

> J 597.95
> SMI
>
> **Smith, Trevor**
>
>   Asombrosos lagartos / Trevor Smith. --
> Madrid: Editorial Bruño, 1991.
>
> Muestra algunos de los lagartos más
> asombrosos del mundo.
>
> 1. Lagartos Literatura juvenil.

3

Ficha de tema

> J 597.95
> SMI
>
> **LAGARTOS**
>
> Smith, Trevor
>   Asombrosos lagartos / Trevor Smith. --
> Madrid: Editorial Bruño, 1991.
>
> Muestra algunos de los lagartos más
> asombrosos del mundo.
>
> 1. Lagartos Literatura juvenil.

Catálogo en computadora

El catálogo de fichas puede estar en computadora. Lee las instrucciones de la pantalla y sigue estas pistas:

* Teclea el título o el nombre del autor, si tienes esa información.

* O teclea una palabra clave. Por ejemplo, si tecleas *lagartos,* la computadora te dará una lista de materiales que tienen *lagartos* en sus títulos.

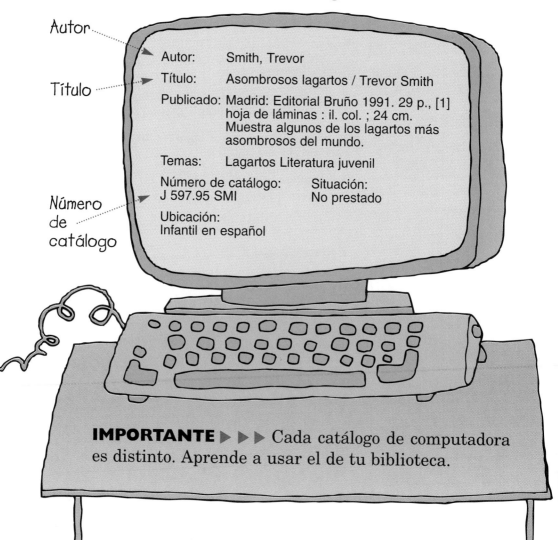

Autor

Título

Número de catálogo

Autor:	Smith, Trevor
Título:	Asombrosos lagartos / Trevor Smith
Publicado:	Madrid: Editorial Bruño 1991. 29 p., [1] hoja de láminas : il. col. ; 24 cm. Muestra algunos de los lagartos más asombrosos del mundo.
Temas:	Lagartos Literatura juvenil

Número de catálogo: J 597.95 SMI

Situación: No prestado

Ubicación: Infantil en español

IMPORTANTE ▶ ▶ ▶ Cada catálogo de computadora es distinto. Aprende a usar el de tu biblioteca.

Cómo encontrar un libro

Una vez que hayas encontrado la ficha de un libro, copia el **número de catálogo**. Este número te dice dónde encontrar el libro en los estantes. Ahora lo puedes buscar.

Encontrar libros de no ficción ● Los libros de no ficción (con hechos reales) están organizados por números en los estantes. Éstas son algunas cosas que deberías saber:

> * **Algunos números de catálogo tienen una letra al final. En el estante, el libro con el número 973A viene antes del libro con el número 973B.**
>
> * **Algunos números de catálogo tienen decimales, como 973.19 o 973.2. Estos libros pueden ser más difíciles de encontrar, pero puedes pedirle a la bibliotecaria que te ayude.**

Encontrar libros de ficción ● Los libros de ficción (con hechos imaginarios) están juntos en estantes especiales, en orden alfabético según el apellido del autor. A veces los libros de ficción tienen en el lomo las dos primeras letras del apellido, como WA para María Elena Walsh.

Encontrar biografías ● Las biografías también tienen estantes especiales. Las biografías son libros sobre la vida real de una persona. Están organizados según el apellido de la persona de quién trata el libro. Pide a la bibliotecaria que te ayude en estos estantes especiales.

Cómo usar una enciclopedia

Una **enciclopedia** es una serie de libros (o un CD) que tiene artículos sobre miles de temas. Los temas están en orden alfabético, igual que en un diccionario. Cada artículo te ofrece gran cantidad de información útil. A veces se incluye al final del artículo una lista de temas relacionados que pueden darte aún más información.

TU BIBLIOTECA PUEDE TENER DIFERENTES ENCICLOPEDIAS. CONSULTA MÁS DE UNA SI QUIERES CONSEGUIR MÁS INFORMACIÓN SOBRE EL TEMA.

Otros libros de referencia

Los **libros de referencia** contienen mucha información útil. Las enciclopedias son los libros de referencia más comunes. Los diccionarios y los atlas también son libros de referencia. Estos libros se encuentran en una sección especial de la biblioteca. Aquí tienes otros libros de referencia que puedes encontrar en tu biblioteca:

Enciclopedia Británica de hechos fascinantes Tiene información sobre varios temas, como animales, personas, lugares y cosas, la naturaleza, etc.

Diccionarios visuales Altea Describen muchos temas con fotografías muy detalladas.

Mi primer atlas Tiene mapas de todo el mundo y te explica cómo leerlos.

Pueblos del pasado Describe varias civilizaciones de la antigüedad.

Enciclopedia de ecología Contiene información sobre varios temas relacionados con el medio ambiente.

Las partes de un libro

Los libros son más fáciles de usar cuando conoces las partes que los forman:

- La **portada** es normalmente la primera página impresa del libro. Contiene el título del libro, el nombre del autor y de la editorial, y la ciudad en que se publicó.

- La **página de derechos** viene después. Te informa del año en qué se publicó el libro. Este dato puede ser importante. Un libro viejo puede tener datos que no están actualizados.

- La **tabla de contenido** da los nombres de los capítulos y secciones y las páginas en que aparecen.

- Los **encabezamientos de capítulos y secciones** dicen de qué tratan las distintas partes del libro.

- Los **pies de fotos y de dibujos** aparecen bajo las ilustraciones y dan información sobre ellas.

- El **glosario** explica palabras especiales que se usan en el libro. Es como un mini-diccionario. El glosario lo encontrarás hacia el final del libro.

- El **índice** es una lista en orden alfabético de todos los temas del libro. Da también el número de página para cada tema. Se encuentra al final del libro.

100% SIN GRASA

MANTECA
DE
CACAHUETE

¡SIN CACAHUETES!

Informes

El mundo está lleno de cosas interesantes: delfines, arañas, volcanes, el espacio, días de fiesta, cacahuetes. (Sí, cacahuetes. ¿Cómo sería la vida sin manteca de cacahuete?) Un informe te permite presentar toda la información que tienes sobre un tema que te interesa.

Para empezar

A Andrés Marcos le interesaban los halcones. Su papá le había hablado sobre ellos, y cuando escribió su informe, encontró aún más información. Este capítulo te muestra lo que hizo Andy para escribir un buen informe. Luego, tú puedes hacer lo mismo.

MODELO de un estudiante

LOS ASOMBROSOS HALCONES
por Andrés Marcos

Comienzo

Los halcones me han gustado desde hace mucho tiempo. Algo interesante de los halcones es lo que comen. ¡Por suerte no se encargan de los almuerzos para la escuela!

Los halcones comen ratones, culebras y pájaros pequeños. Para matar a un ratón, un halcón lo apresa con sus garras, lo sacude y luego lo picotea. Mi papá vio a un halcón comerse una culebra. Me dijo: "El halcón cortó a la culebra en dos pedazos y después se los tragó".

Desarrollo

Los halcones tienen las alas grandes y el pico muy afilado para cazar. El libro <u>Asombrosas aves de presa</u> dice que para cazar a otras aves, los halcones se lanzan en picado sobre ellas a más de 160 km/h. Los halcones también necesitan sus alas para llegar a sus nidos, que están en los acantilados más altos. Con el pico, arrancan trozos de carne para dar de comer a sus polluelos, que también son carnívoros. A veces llevan uno de sus polluelos entre las garras mientras vuelan.

Final

¡Los halcones son asombrosos! Son tan elegantes como una bailarina y tan rápidos como algunos aviones. Me alegro de haber aprendido más cosas sobre ellos.

Antes de escribir:
Hacer un plan

Escribir un informe

Elige un buen tema ● Escoge un tema que te parezca interesante.

✱ Si te han asignado un tema general, como el de las aves, haz una lista de tus aves favoritas.

✱ Busca más ejemplos del tema en una enciclopedia o libro de texto. Pregunta también a amigos y familiares para ver si tienen ideas.

✱ Piensa en los ejemplos de tu lista. Escoge el mejor para escribir el informe.

Escribe preguntas sobre el tema ● Piensa en preguntas a las que no se pueda responder con un *sí* o un *no*. Una buena pregunta sería: ¿Por qué los halcones tienen las alas tan grandes?

COPIA LAS PREGUNTAS EN TARJETAS O EN HOJAS DE PAPEL. (UNA PREGUNTA POR TARJETA U HOJA.) O COPIA LAS PREGUNTAS EN UNA CUADRÍCULA PARA ANOTAR DATOS. (CONSULTA EL EJEMPLO DE LA PÁGINA 148.)

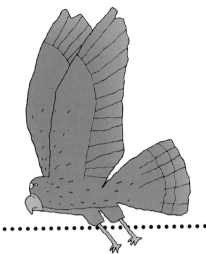

Estudia bien el tema ● Usa por lo menos dos fuentes. Andrés obtuvo información sobre los halcones en una enciclopedia, en un libro y de su papá.

Aquí tienes una lista de diferentes fuentes de información:

**enciclopedias, libros,
revistas, periódicos, videos,
programas de televisión,
CDs** y **entrevistas.**

Mientras lees, contesta tus preguntas ● Escribe las respuestas en tus tarjetas o en tu cuadrícula. Cuando encuentres información útil, escribe sólo las ideas principales. (Esto se llama tomar notas.)

Si un libro dice...   Los halcones capturan animales vivos y los matan en seguida para comérselos.

Puedes escribir...   capturan animales vivos
matan rápido y comen

Cuadrícula para anotar datos

Una cuadrícula para anotar datos te ayuda a organizar la información que reúnes sobre un tema.

Sugerencias para hacer una cuadrícula

- Usa una hoja grande de papel para tener espacio donde escribir.
- Traza líneas para hacer la cuadrícula.
- Llena la cuadrícula mientras trabajas.

Tema   Fuentes de información

Halcones	Enciclopedia World Book	Libro Asombrosas aves de presa	Entrevista Papá
1. ¿Qué come un halcón?	ratones, ratas serpientes	pequeños pájaros	culebras (contar la historia de cómo papá vio a un halcón comer una)
2. ¿Por qué tienen los halcones las alas tan grandes?	para volar rápido	para lanzarse en picado a 160 km/h	para volar alto y llegar a sus nidos en los acantilados
3. ¿Por qué tienen los picos tan agudos?	para agarrar trozos de carne para sus crías	crías comen carne desde el primer día	para despedazar su comida

Preguntas   Respuestas

Escribir el borrador

Escribe el comienzo ● El primer párrafo debe decir de qué trata el informe y atraer el interés del lector. Andrés usa el humor para atraer a sus lectores:

> ¡Por suerte no se encargan de los almuerzos para la escuela!

Hay otras maneras de atraer a los lectores:

* Empieza con una pregunta:

> ¿Sabías que los halcones pueden lanzarse en picado sobre sus presas a 160 km/h?

* Cuenta algo interesante:

> Una vez mi papá vio a un halcón comerse a una culebra...

Desarrolla el tema ● Ésta es la parte principal de tu informe. Todas las respuestas a una misma pregunta deben ir en el mismo párrafo. Andrés puso toda la información sobre lo que comen los halcones en el segundo párrafo.

Escribe el final ● Haz un final dramático. Di lo que has aprendido y lo que sientes por el tema. Así lo hizo Andrés:

> ¡Los halcones son asombrosos! Son tan elegantes como una bailarina y tan rápidos como algunos aviones. Me alegro de haber aprendido más cosas sobre ellos.

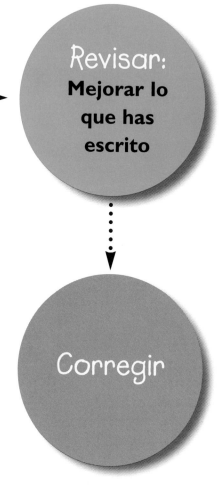

Revisar:
Mejorar lo que has escrito

Corregir

Lee y revisa ● Usa estas preguntas para revisar tu borrador. (También puedes pedirle a un amigo o a un compañero de clase que revise tu trabajo.)

* ¿Incluiste un comienzo, un desarrollo y un final?

* ¿Trata cada párrafo de una sola idea? (¿Responde cada párrafo a una pregunta?)

* ¿Hay partes que necesitan más información o que no están claras?

Vuelve a leer ● Revisa la ortografía de todos los nombres y términos importantes. Asegúrate de que todas tus oraciones empiezan con mayúscula y de que los signos de puntuación están correctos.

Piensa en la copia final ● ¿Vas a añadir ilustraciones o gráficas a tu informe? ¿Vas a hacer una cubierta? Pregúntale a tu maestro también. Tal vez quiera que escribas la copia final de una manera determinada.

Lista de control: escribir un informe

Antes de escribir

- [ ] Elige un buen tema.
- [ ] Escribe preguntas sobre el tema.
- [ ] Estudia bien el tema.
- [ ] Responde a las preguntas en tarjetas o en una cuadrícula para anotar datos.

Escribir el borrador

- [ ] **Escribe el comienzo** • Presenta el tema.
- [ ] **Desarrolla el tema** • Contesta las preguntas.
- [ ] **Escribe el final** • Termina con una idea importante sobre el tema.

Revisar

- [ ] Lee el borrador.
- [ ] Pídele a otra persona que lo revise.
- [ ] Haz cambios.

Corregir

- [ ] Vuelve a leer para buscar errores.
- [ ] Piensa en la copia final.

Ensayos
con fotos

Quizás alguna vez has abierto un libro con fotografías y has dicho: "¡Me gusta!". A nosotros también nos gustan las fotografías, porque nos muestran lo que las palabras sólo pueden contar, y hacen que aprender sea más divertido.

Enseñar y contar

Los **ensayos con fotos** usan palabras y fotografías para informar o para contar algo. Por ejemplo, en el libro *Fiesta U.S.A.*, de George Ancona, que trata sobre varias festividades hispanas en EE.UU., las fotos nos enseñan cómo se celebran estas fiestas. En este capítulo verás parte de un ensayo escrito por estudiantes como tú. Luego te enseñamos cómo escribir tu propio ensayo con fotos.

MODELO de un estudiante

El comienzo ● Tres estudiantes hicieron un ensayo con fotos sobre una maestra y sus estudiantes. El título de su ensayo con fotos es: "Ayudar a otros: la Sra. Dulitz y su clase". Ésta es la primera página:

Introducción

Ésta es la Sra. Dulitz, una maestra de niños ciegos y con problemas de visión.

La Sra. Dulitz dice que normalmente sus estudiantes le llegan en el jardín de infancia, y ella los ve crecer y madurar hasta que alcanzan el sexto grado.

En todo el mundo hay maestros que enseñan a los niños ciegos o con problemas de visión. En este libro puedes conocer a algunos de estos niños.

Las fotos fueron tomadas en blanco y negro.

El desarrollo ● Esta parte del ensayo con fotos muestra a los estudiantes usando materiales especiales. Ésta es una de las páginas del desarrollo:

Jenna Godino y Faith Washington aprenden a leer la hora con un reloj braille (a la izquierda). El reloj de la derecha es un reloj de juguete.

RECUERDA: LAS FOTOS MUESTRAN LO QUE LAS PALABRAS SÓLO DICEN. ¿QUÉ TE MUESTRA LA FOTO DE ARRIBA?

Otra página del desarrollo

Sarah Badillo está en el primer grado y ya sabe usar una máquina de escribir en braille. Sarah escribe con esta máquina en la clase.

El final ● Este ensayo con fotos termina hablando del futuro. (No hay fotografías en esta última página.)

Hace unos años no existían muchos de los avances tecnológicos que tienen hoy los ciegos. Ahora tenemos bastones con rayo láser y teclados braille de computadora.

La Sra. Dulitz y su clase tienen esperanzas de que en el futuro habrá aparatos aún mejores para ayudarlos en su vida diaria.

Escribir un ensayo con fotos

Antes de escribir:
Hacer un plan

Elige un tema ● Haz una lista de personas que tienen trabajos o pasatiempos interesantes. Escoge a una de esas personas para tu ensayo.

Estudia el tema ● Escribe lo que sabes del tema. Después, hazle preguntas a la persona para averiguar más datos sobre su trabajo o pasatiempo.

Saca las fotos ● Saca entre 10 y 12 fotos de la persona en diferentes actividades. Por ejemplo, podrías mostrar a una patinadora poniéndose los patines, patinando con amigos, arreglando sus patines, etc.

Decide cómo usar las fotos ● Manda a revelar las fotos y ponlas en el orden que deben seguir en el ensayo.

Escribir el borrador

Cuenta la historia ●
Escribe oraciones que vayan con tus fotos.

* Presenta el tema en la primera página del ensayo.
* Termina el ensayo con una idea interesante sobre el tema.

Revisar: Mejorar lo que has escrito

Lee y revisa ● Lee lo que has escrito. ¿Están claras todas las oraciones? ¿Corresponde cada oración a una fotografía? ¿Incluiste detalles interesantes?

Corregir

Vuelve a leer ● Revisa tu trabajo para buscar errores de ortografía y de puntuación. Luego haz una copia final de tu ensayo y encuadérnala como un libro. (Consulta la página 33.)

Relatos, cuentos y obras de teatro

Relatos
realistas

Un **relato realista** trata de algo que puede ocurrir en la vida real. Es, en muchos sentidos, lo opuesto a un cuento fantástico. Por ejemplo, no puedes hacer que un jugador de béisbol vuele sobre el estadio. (¡Aunque sería interesante!)

Para empezar

Una historia realista debe parecer posible. Puedes incluso usar un suceso real como punto de partida. Sólo tienes que hacer los cambios necesarios para que sea un relato inventado. Lee el modelo y las indicaciones en las cuatro páginas siguientes para ver cómo se hace. Luego, empieza tu propio relato.

MODELO de un estudiante

Este relato de Joseíto Rosas se basa en un suceso de su vida, pero muchas de las cosas que cuenta son inventadas. Por ejemplo, cambió el nombre de algún personaje, añadió detalles nuevos y cambió un poco el final.

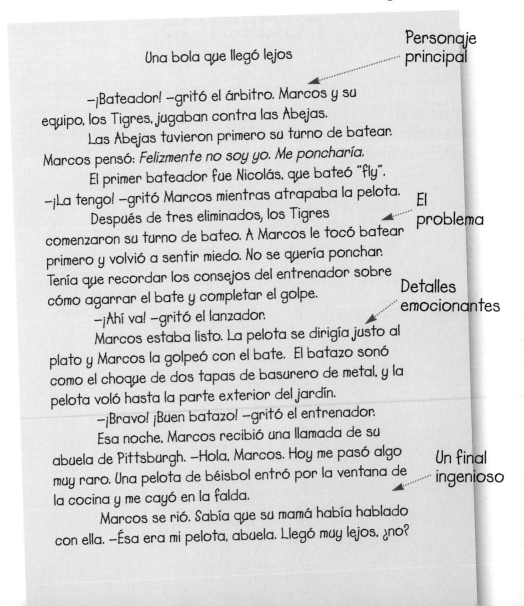

Una bola que llegó lejos

Personaje principal

—¡Bateador! —gritó el árbitro. Marcos y su equipo, los Tigres, jugaban contra las Abejas.

Las Abejas tuvieron primero su turno de batear. Marcos pensó: *Felizmente no soy yo. Me poncharía.*

El primer bateador fue Nicolás, que bateó "fly". —¡La tengo! —gritó Marcos mientras atrapaba la pelota.

El problema

Después de tres eliminados, los Tigres comenzaron su turno de bateo. A Marcos le tocó batear primero y volvió a sentir miedo. No se quería ponchar. Tenía que recordar los consejos del entrenador sobre cómo agarrar el bate y completar el golpe.

—¡Ahí va! —gritó el lanzador.

Detalles emocionantes

Marcos estaba listo. La pelota se dirigía justo al plato y Marcos la golpeó con el bate. El batazo sonó como el choque de dos tapas de basurero de metal, y la pelota voló hasta la parte exterior del jardín.

—¡Bravo! ¡Buen batazo! —gritó el entrenador.

Esa noche, Marcos recibió una llamada de su abuela de Pittsburgh. —Hola, Marcos. Hoy me pasó algo muy raro. Una pelota de béisbol entró por la ventana de la cocina y me cayó en la falda.

Un final ingenioso

Marcos se rió. Sabía que su mamá había hablado con ella. —Ésa era mi pelota, abuela. Llegó muy lejos, ¿no?

Antes de
escribir:
**Hacer
un plan**

Escribir un relato realista

Elige un tema ● Tal vez ya tengas una buena idea para un relato. Si no, sigue estos pasos:

* ✳ Haz una lista de sucesos emocionantes, graciosos o raros que te han pasado.
* ✳ Escoge el mejor suceso y úsalo como punto de partida.

Pon a prueba el suceso ● Si la respuesta a estas preguntas es *sí*, tu idea puede funcionar.

* ✳ ¿Puedo recordar varios detalles sobre este suceso?
* ✳ ¿Les interesará a mi compañeros de clase?
* ✳ ¿Puedo pensar en maneras de cambiarlo para que sea un relato inventado?

TU RELATO DEBE PRESENTAR ALGÚN PROBLEMA QUE HAY QUE RESOLVER. EN EL RELATO DEL EJEMPLO, MARCOS TENÍA MIEDO DE PONCHARSE.

Escribir el borrador

Decide cómo empezar ● Puedes empezar por escribir lo que realmente pasó. O puedes empezar directamente con tu relato inventado.

Inventa cosas ● Aquí tienes varias maneras de convertir un suceso real en un relato inventado. (Cambia por lo menos dos cosas.)

* Cambia los nombres de los personajes.
* Cambia cómo se comportan o hablan.
* Cambia el lugar donde ocurre.
* Cambia la manera en que empieza o termina el suceso.
* Añádele más detalles al relato.

Corregir

Lee y revisa ● Lee tu relato en voz alta. Cambia todas las partes difíciles de seguir o que parecen aburridas. (Consulta las ideas de la página siguiente.)

Vuelve a leer ● Recuerda que lo que dicen los personajes debe tener rayas (—¡Bateador! —gritó el árbitro). Además, empieza un párrafo cuando hable una persona diferente. Asegúrate de que no hay errores y haz una copia en limpio para publicar.

Dale vida a tu relato

Empieza el relato con algo emocionante

Joseíto empezó su relato en medio de la acción:

—¡Bateador! —gritó el árbitro. Marcos y su equipo, los Tigres, jugaban contra las Abejas.

Haz que los personajes piensen y hablen

La historia parecerá más real si los personajes piensan y hablan.

Marcos pensó: *Felizmente no soy yo. Me poncharía.*
—¡Bravo! ¡Buen batazo! —gritó el entrenador.

Usa palabras expresivas

Usa palabras que ayuden a los lectores a oír y ver el relato.

—¡Ahí va! —gritó el lanzador.
Marcos la golpeó [la pelota] con el bate.

Crea imágenes con las palabras

Diviértete con las palabras para dar emoción al relato.

El batazo sonó como el choque de dos tapas de basurero de metal.

Relatos fantásticos

¿Te gustaría ver un dinosario de cerca? ¿O viajar en una nave espacial? ¿O conocer al rey Arturo? Todo es posible cuando escribes un **relato fantástico** sobre un viaje en el tiempo!

¿Qué pasaría...?

Los relatos fantásticos casi siempre empiezan con una pregunta:

- ¿Qué pasaría si llegara a un planeta de robots?
- ¿Qué pasaría si saliera de una caja vieja de cartón y me viera cara a cara con un dinosaurio?

Para pensar como un escritor de fantasías, escribe tus propias preguntas disparatadas. Luego, sigue leyendo para conocer este tipo de relatos.

Viajes en el tiempo

Antes de empezar un relato fantástico sobre un viaje en el tiempo, debes decidir sobre qué época y lugar quieres escribir. Esta página te ayuda a hacer tus planes de viaje.

Escoge una época ● Si pudieras viajar al futuro o al pasado, ¿adónde irías? ¿Viajarías a los días del imperio azteca o a la época de los dinosaurios? ¿O preferirías visitar una ciudad del futuro en Marte? (Consulta la cronología de las páginas 382–391.)

Estudia esa época ● Si escogiste un suceso del pasado, busca datos en una enciclopedia o en algún otro libro. Juana encontró esta información para su relato "El club de los dinosaurios". (Consulta las páginas 168–169.)

> mis dinosaurios favoritos vivieron en el período jurásico (¡Hace 138–205 millones de años!)
>
> Apatosaurio: uno de los dinosaurios más grandes
> - 80 pies de longitud
> - cabeza chica, cuello largo
> - patas delanteras más cortas que las traseras
> - comía plantas

Decide cómo llegar ● ¿Cómo llegarás a esa época? ¿En una máquina de viajar en el tiempo? ¿En una patineta mágica? ¿En una caja de cartón vieja?

Antes de escribir: **Hacer un plan**

Escribir un relato fantástico

Inventa los personajes ● Escoge uno o dos personajes que van a viajar a la época y al lugar que has elegido.

Piensa en un problema ● Elige un problema al que se enfrentarán los personajes durante su viaje. Juana hizo este esquema y escogió uno de los problemas para su relato.

el dinosaurio se roba la radio

el dinosaurio los persigue

Problemas para Maya y Jonah

el dinosaurio se come la caja de cartón

Decide dónde empezar ● Haz una lista de lugares dónde empezar el viaje: el sótano, el garaje, un supermercado... Escoge uno.

Escribir el borrador

Inicia tu relato ● Crea el relato fantástico.

* Haz que los personajes hagan y digan cosas que demuestren cómo son.
* Explica cómo y a dónde viajan.
* Usa la información que conseguiste.

Incluye el problema ● Explica cómo los personajes se meten en algún problema. Después, cuenta cómo lo resuelven.

En el relato de Juana, un apatosaurio se roba la radio del hermano de Maya. Maya le hace cosquillas en la nariz hasta que estornuda y lanza la radio por el aire.

Revisar: Mejorar lo que has escrito

Revisa el borrador ● ¿Has puesto detalles suficientes para que el relato sea interesante? ¿Resuelven los personajes un problema? Haz los cambios necesarios.

Corregir

Vuelve a leer ● Busca errores de ortografía y de puntuación. Luego, haz una copia en limpio para publicar.

MODELO de un estudiante

Éste es el relato fantástico de Juana Díaz.

EL CLUB DE LOS DINOSAURIOS

Maya caminó hasta el patio. Llevaba una caja grande de cartón y una radio portátil que había pedido prestada del cuarto de su hermano.

Se presentan los personajes principales.

—¡Excelente! —dijo Jonah, el vecino de Maya, mientras miraba la caja desde el otro lado de la cerca.

—¡Podemos hacer un fuerte!

—¡Va a ser la casita donde se reúne mi Club de los Dinosaurios! —dijo Maya, pensando en el libro sobre dinosaurios que acababa de leer.

—¿Qué hace el club?

—Lo verás cuando entres —contestó Maya, agarrando la radio y metiéndose a gatas en la caja. Jonah la siguió.

Viajan en el tiempo.

De repente, la caja empezó a girar y girar. Cuando paró, ambos salieron rodando.

Un apatosaurio de ochenta pies de longitud caminaba hacia ellos. Sus patas delanteras eran más cortas que las traseras, pero aún así eran enormes.

De repente, en la radio empezó a sonar una canción a todo volumen. El apatosaurio agarró la radio entre los dientes y luego se sentó y se quedó dormido.

Surge un problema.

—¡Se está echando una siesta! —exclamó Maya, asombrada.

—Vámonos a casa. —susurró Jonah.

La situación se hace más emocionante.

—¡Ni hablar! —dijo Maya. —Si no vuelvo con la radio mi hermano me matará.

Después de mucho pensar, a Maya se le ocurrió una idea. Agarró una rama que se había caído de un árbol y le hizo cosquillas al apatosaurio bajo la nariz. El apatosaurio estornudó y la radio voló por el aire. Maya la recogió y corrió hacia la caja, jalando a Jonah de la mano.

Se resuelve el problema.

Nada más entrar, la caja empezó a girar de nuevo. Cuando por fin se atrevieron a mirar fuera, Maya y Jonah estaban de regreso en casa.

—¿Quieres ir otra vez mañana? —preguntó Maya. —Invitaré a mi hermano también.

Los personajes regresan a casa.

—¡Bueno! —dijo Jonah. —Pero será mejor que no traigamos su radio.

Obras
de teatro

Una **obra de teatro** es un relato que se representa ante un público. Las personas o animales que aparecen son los personajes, que platican e intentan resolver un problema. Es divertido escribir obras de teatro porque puedes decidir lo que hacen y dicen todos los personajes.

Ideas para obras de teatro

Puedes encontrar ideas para obras de teatro en cualquier parte. Tu obra puede tratar de un suceso real o inventado, o puede basarse en un cuento conocido. En este capítulo te ayudamos a convertir un cuento en una obra de teatro. Pero veamos antes cómo es una obra de teatro.

MODELO : Obra de teatro

Ésta es la primera escena de una obra basada en "Los tres cerditos". (Las obras de teatro se dividen en escenas.)

Reparto ....

Título ....

Los tres cerditos

Personajes: Cerdito 1, Cerdito 2, Cerdito 3, Lobo

Lugar y momento ....

ESCENA 1

Es un bello día de primavera. Los tres cerditos hermanos están delante de sus casas. Cerdito 3 pone los últimos ladrillos en una pared de su casa. Cerdito 1 y Cerdito 2 están sentados en sillas.

Diálogo ....

CERDITO 1:   (riéndose) ¡Mira nuestro hermano bobo! Sigue trabajando en esa casa de ladrillo. Yo sólo demoré un día en construir mi hermosa casa de paja.

CERDITO 2:   Es que él hace todo de la manera más difícil y larga. Yo sólo demoré dos días en construir mi estupenda casa de palos.

Instrucciones para la puesta en escena ....

CERDITO 3:   (sin enojarse) Hermanos, lo importante es hacer un buen trabajo, no cuánto se tarda en hacerlo.

CERDITO 1: ¡Ay, eres tan formal!

CERDITO 3: Algún día me agradecerán que haya construido una casa tan sólida.

Antes de escribir: Hacer un plan

Escribir una obra de teatro

Escoge un cuento ● Haz una lista de tus cuentos y fábulas favoritos. Consulta un libro de cuentos para refrescar tu memoria. Luego, rodea con un círculo en tu lista el título del cuento que vas a usar. (¡Recuerda que si el cuento es largo, la obra de teatro también lo será!) Una estudiante hizo esta lista:

Cuentos y fábulas favoritos

La liebre y la tortuga

El león y el ratón

Los tres cerditos

La Cenicienta

Caperucita Roja

Puede ser divertido (y un poco más fácil) escribir tu obra de teatro con un compañero.

Enumera los sucesos del cuento ● Escribe los sucesos más importantes del cuento. Aquí tienes un ejemplo de "Los tres cerditos". (Hay muchas maneras de contar este cuento.)

SUCESOS DEL CUENTO

1. Cada cerdito se construye una casa.
2. El lobo sopla y derrumba la casa de paja.
3. El lobo sopla y derrumba la casa de palos.
4. Los cerditos 1 y 2 corren a la casa del cerdito 3.
5. El lobo intenta soplar y derrumbar la casa de ladrillo.
6. Los cerditos atrapan al lobo en una olla de agua hirviendo.

Organiza las escenas ● Divide los sucesos de la obra en escenas. (Puedes incluir más de un suceso del cuento en cada escena.)

ESCENA 1
Cada cerdito se construye una casa.

ESCENA 2
El lobo llega con hambre. Sopla y derrumba la casa de paja. Luego sopla y derrumba la casa de palos.

ESCENA 3
Los cerditos 1 y 2 corren a la casa de ladrillo de su hermano. El cerdito 3 los deja entrar.

ESCENA 4
El lobo intenta derrumbar la casa de ladrillo, pero no puede. Cuando baja por la chimenea, los cerditos lo atrapan en una olla de agua hirviendo.

Escribir el borrador

Describe el lugar y el momento ● Explica dónde y cuándo tiene lugar la escena. Consulta el ejemplo de la página 171.

Escribe el diálogo ● Escribe la escena usando diálogos para contar la historia. Los personajes pueden hablar de cualquier manera que te guste.

Puedes hacer cómica tu obra añadiendo palabras e ideas modernas. También puedes incluir instrucciones para la puesta en escena describiendo lo que hacen los personajes.

EJEMPLO:

LOBO: ¡Soplaré y soplaré y tu casa derrumbaré!

CERDITO 3:   (con las manos en la cintura) ¡Eso lo veremos, pulgoso! ¡Estas paredes están superpegadas!

> Cuando acabes la escena 1, sigue escribiendo las otras escenas hasta que acabes tu obra de teatro.

Revisar:
Mejorar lo que has escrito

Lee y revisa ● Usa estas preguntas como guía para leer y revisar la obra de teatro.

* ¿Trata cada escena de una parte importante del cuento?
* ¿Cuentan la historia las palabras y las acciones de los personajes?
* ¿Es mi obra fácil de seguir?

Enseña la obra a otros ● Pide a amigos o familiares que lean tu obra en voz alta. Escucha con atención las palabras y las ideas para ver si hay algo que quieres cambiar.

Vuelve a leer ● Lee de nuevo para buscar errores de ortografía y de puntuación. Luego sigue el formato de la página 171 para escribir una copia final de tu obra de teatro.

Corregir

PRÓXIMA PARADA La mejor manera de publicar una obra de teatro es representarla. Para eso hay que elegir actores, estudiar los papeles, crear disfraces y montar un escenario sencillo. ¡Y hay que preparar palomitas de maíz! (Bueno, esto no es tan necesario.)

Poemas

Poesía de verso libre

La **poesía** es... el lenguaje haciéndonos cantar, bailar, reír y llorar. La poesía se crea con palabras de arco iris, cometas y susurros.

¡Caramba! ¿Qué significa todo eso? Bueno, la poesía es como la vida. Puede tratar de momentos alegres o tristes o de los momentos con un poco de todo. Puede alegrarnos con el arco iris o ser como una queja si habla de algo triste.

Tu también eres poeta

Felizmente, todos podemos escribir poemas. Este capítulo te ayuda a *ti* a volverte poeta. Aprenderás a leer poemas y a disfrutarlos. Y aprenderás a escribir un poema de verso libre. ¡Al acabar, habrá todo tipo de poemas bailando en tu cabeza!

Un poema es un amigo

Una vez que empieces a escribir poemas, verás que también es divertido leerlos. Cuando leas un poema, debes prestar atención a qué imágenes y sonidos te sugiere. Sigue estos pasos para hacer un amigo en cada poema que leas.

▷ **Lee el poema dos o tres veces.**

▷ **Léelo en voz alta. (Escucha lo que dice.)**

▷ **Enséñale el poema a un amigo. (Discútanlo.)**

▷ **Copia el poema en un cuaderno especial.**

Ahora, haz amistad con el poema de abajo, escrito por una estudiante como tú.

Poema de un elefante

Retumbando
    Retumbando
Retumbando
12,000 libras van llegando.
Chocando,
aplastando,
machacando, reventando,
aplanando,
sobre las
        hojas.
Ruidos de elefante.

¿Por qué son especiales los poemas?

La poesía tiene un aspecto diferente No es difícil reconocer un poema. No toma mucho espacio en la página, pero puede tener una forma interesante, como la de este ejemplo:

No hay tarea
Cuando mi maestra dice
"No hay tarea",
mi corazón
siente una gran emoción, como de
fuegos artificiales ¡ZAS!
c*h*i*s*p*a*s chisporroteando
y

alto
alto
saliendo disparadas alto

2 **La poesía se expresa de una manera especial.** En este poema, el autor hace una comparación especial: *"mi corazón siente una gran emoción, como de fuegos artificiales"*. Además, usa palabras descriptivas para dar vida al poema: *ZAS, c*h*i*s*p*a*s chisporroteando.*

3 **La poesía suena bien.** Lee el poema otra vez, en voz alta. Busca palabras que riman: *corazón* y *emoción*. Busca sonidos que se repiten: <u>chis</u>pas y <u>chis</u>porroteando. Estos elementos hacen que un poema sea agradable de escuchar.

El verso libre

Hay muchos tipos de poesía. Uno de ellos es la **poesía de verso libre**. Un poema de verso libre puede ser largo o corto. Puede tener rima, pero no la necesita. Y en él puedes incluir toques especiales como c*h*i*s*p*a*s. Tienes total *libertad* para escribir como prefieras.

"Poema de un elefante" y "No hay tarea", que viste en las dos páginas anteriores, son buenos ejemplos de poesía de verso libre. Aquí tienes otro ejemplo:

Cuando sea grande

Cuando sea grande, me gustaría SER
    una artista que hace dibujos de gatos
    una gimnasta que gana la medalla de oro
    una bailarina que gira de puntillas
    una costurera que hace colchas y mantillas
    una fotógrafa que saca fotos de margaritas
        y rosas
    una maestra de tercer grado
    una escritora que escribe para niños como YO

EL POEMA DE ARRIBA ES PARECIDO A UNA LISTA. DESPUÉS DEL PRIMER VERSO, TODOS LOS DEMÁS EMPIEZAN DE LA MISMA MANERA: "UN ARTISTA QUE...", "UNA GIMNASTA QUE...", ETC.

Antes de escribir:
Hacer un plan

Escribir versos libres

Escoge un tema ● Usa uno de los siguientes temas o inventa uno propio:

* trabajos que me gustaría hacer cuando sea grande
* lo que deseo
* cosas que me hacen reír
* cómo ser un buen amigo
* momentos felices

Reúne ideas ● Escribe el tema en el centro de una hoja de papel. Rodéalo con un círculo y agrupa ideas alrededor. (En la página 264 puedes ver un modelo.)

Enumera las ideas ● Mira de nuevo las ideas que has agrupado. Haz una lista de las mejores y añade otras ideas que se te ocurran. (Si tu poema trata de trabajos, puedes empezar la lista así: *Cuando sea grande, me gustaría SER...*)

Escribir el borrador

Revisar: Mejorar lo que has escrito

Revisa el borrador ● Consulta estas preguntas cuando revises tu poema.

＊ ¿Te gusta lo que dice el poema? Si no, escribe de nuevo los versos que no estén claros o añade algunas ideas nuevas.

＊ ¿Te gusta cómo se ve el poema? En ese caso, piensa en otras maneras de disponer las palabras.

＊ ¿Te gusta cómo suena el poema? Tal vez puedas añadir palabras que riman o que tienen sonidos que se repiten.

Corregir

Corrige el poema ● Cambia o añade signos de puntuación y mayúsculas para que el poema quede claro. Corrige la ortografía. Escribe una copia final.

Sonidos agradables

Aquí tienes algunos métodos que los poetas usan para que sus poemas suenen bien: (¡Tú también los puedes usar!)

Rima ● El uso de palabras rimadas hace que el poema sea más agradable de escuchar:

> una bailarina que gira de <u>puntillas</u>
> una costurera que hace colchas y <u>mantillas</u>

Sonidos que se repiten ● La repetición de palabras produce un efecto interesante:

> La lluvia viene: <u>golpea</u> que te <u>golpea</u>
> en mi ventana.

La repetición de consonantes también ayuda:

> Na<u>v</u>ega con el <u>v</u>iento en un <u>v</u>elero <u>v</u>eloz.

Cómo hacer comparaciones

Éstos son algunos métodos especiales que usan los poetas para hacer comparaciones en sus poemas.

* Un **símil** hace una comparación usando la palabra *como:*
> Los carros de carrera se movían juntos
>   como un banco de peces.

* Una **metáfora** hace una comparación sin usar *como:*
> Palabras de arco iris, cometas y susurros

* La **personificación** habla de una cosa como si ésta fuera una persona:
> La sombra se acercó arrastrándose lentamente.

Otras formas de
poesía

La sección de fruta en el mercado tiene un montón de frutas diferentes. Hay grandes manzanas rojas y pequeñas ciruelas moradas; redondas uvas verdes y bananas bien amarillas; peludos kiwis y gigantescas sandías rayadas. Probar frutas nuevas es divertido... ¡excepto cuando son algo peludas!

Sabores distintos, formas distintas

También es divertido probar formas diferentes de poesía. Este capítulo habla de **formas tradicionales** y **formas inventadas**. En él conocerás poemas con formas especiales, poemas con temas chistosos y poemas sobre la naturaleza. La fruta es buena para la salud. La poesía también es buena, para el corazón y para la mente. ¡Ponte a comer!

Poesía T R A D I C I O N A L

Quintilla ● Una **quintilla** es un poema de cinco versos. Aquí tienes una forma de escribir una quintilla:

Título (de una sola palabra) . . . . Auto

Dos palabras descriptivas . . . . . . Rojo, rápido

Tres palabras de acción . . . . Corre, frena, acelera

Cuatro palabras de observación . Mi amigo del garaje

Un sinónimo para el título . . . . . Carro

Limerick ● Un **limerick** también tiene cinco versos. Los versos uno, dos y cinco, y los versos tres y cuatro, riman entre sí. Un limerick siempre trata de un tema chistoso.

Un muchacho no muy cauteloso
decidió jugar con un oso.
　　Lo trató de agarrar
　　y, como es de esperar,
el muchacho terminó lloroso.

Haiku ● Un poema **haiku**, (se pronuncia "jaicu") tiene sólo tres versos. El primero y el tercero tienen cinco sílabas. El segundo tiene siete. El tema de un haiku normalmente tiene que ver con la naturaleza.

Uvas doradas
a punto de reventar
de dulce sabor.

Escribir un haiku

Antes de escribir:
Hacer un plan

Reúne ideas ● Sal fuera y haz una lista de todas las cosas que ves. Tal vez veas un árbol en flor, un insecto muy ocupado, un gato dormido y muchas otras cosas.

Escoge un tema ● ¿Había algo que te pareció asombroso, interesante o lleno de color? Escoge esa idea para el poema.

Escribir el borrador

Escribe tres versos ● Describe lo que viste en los dos primeros versos. En el tercer verso, di algo sobre el tema. Aquí tienes el borrador que hizo Carla Quijano:

Mi conejo vive en una gran jaula de alambre.
Salta por todos lados.
Es difícil agarrarlo.

Cuenta las sílabas ● ¡Ten cuidado! A veces, la última sílaba de una palabra se combina con la primera sílaba de la siguiente, y forman una sola sílaba. Añade, quita y cambia palabras para que siga las reglas de un haiku:

Verso 1: 5 sílabas
Verso 2: 7 sílabas
Verso 3: 5 sílabas

Revisar:
Mejorar lo que has escrito

Fíjate en los detalles ● Asegúrate de que has usado las mejores palabras para describir el tema. (Carla decidió que, en su poema, "da brincos" funciona mejor que "salta".)

Corregir

Vuelve a leer ● Lee de nuevo para comprobar la ortografía, las mayúsculas y la puntuación. Luego haz una copia en limpio del poema. Éste es el poema final de Carla:

En su gran jaula
da brincos mi conejo.
¿Cuándo parará?

Poesía INVENTADA

Poema alfabético ● Un poema **alfabético** usa parte del alfabeto para crear un poema chistoso.

<u>C</u>ómicos
<u>D</u>elfines
<u>E</u>ncantan
<u>F</u>ácilmente a la
<u>G</u>ente

Poema concreto ● Un poema **concreto** tiene una forma o diseño relacionado con el tema.

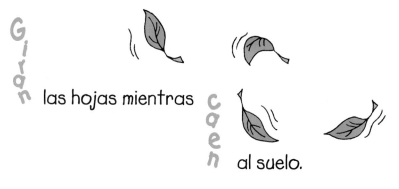

Giran las hojas mientras caen al suelo.

Poema de 5 preguntas ● Un poema de **5 preguntas** tiene cinco versos. Cada verso responde a una de las *Cinco preguntas básicas* (¿quién?, ¿qué?, ¿dónde?, ¿cuándo? y ¿por qué?).

Mi perro
se acurruca
en mi cama
cada noche
porque le gusta.

Escribir un poema de 5 preguntas

Antes de escribir: Hacer un plan

Escoge un "Quién" ● Haz una lista de ideas, cómicas y serias, para el "quién". Escoge una para tu poema.

Haz una tabla ● Usa una tabla como ésta para organizar tus ideas.

¿quién?	¿qué?	¿dónde?	¿cuándo?	¿por qué?

Escribir el borrador

Crea el poema ● Usa las ideas de la tabla para escribir el borrador. Empieza un nuevo verso para responder a cada pregunta.

Corregir

Mira las respuestas ● ¿Has respondido a todas las preguntas?

Mira las palabras ● Asegúrate de que has usado las palabras más expresivas. Por ejemplo, "Mi perro se acurruca" suena mejor que "Mi perro se duerme".

Busca errores ● Corrige los errores y haz una copia en limpio para publicar.

3 Aprende a aprender

Mejorar la lectura

Representaciones gráficas

Puedes encontrar información representada de forma **gráfica** en muchos lugares diferentes: en los letreros que ves en tu comunidad, en las instrucciones que sigues para hacer algo y en los libros y las revistas que lees. Este tipo de información es muy útil; por eso, es importante saber interpretarla.

¡Fíjate!

Este capítulo te enseña a "leer" tres tipos distintos de representaciones gráficas: los símbolos, los diagramas y las tablas. Cuando te familiarices con ellos, te sorprenderá la cantidad de información que ofrecen. *Recuerda:* Interpretar este tipo de información es como leer... pero sin tantas palabras.

Los símbolos

Un **símbolo** es una ilustración sencilla que representa algo. Podemos dividir los símbolos en dos grupos.

● Hay símbolos que representan ideas o sentimientos.

a.　　　　　　b.　　　　　　c.

● Hay símbolos que te avisan de algo.

d.　　　　　　e.　　　　　　f.

Pistas para entender los símbolos

* Mira el dibujo y piensa.

* Decide lo que significa.

Averigua qué representan los símbolos de esta página. (Comprueba tus respuestas al pie de la página.)

a. Felicidad. b. Amor. c. Fuerza. d. No fumar. e. Teléfono,
f. Vía de ferrocarril

Los diagramas

Un **diagrama** muestra de forma gráfica las partes de un objeto, o nos enseña cómo algo funciona.

Pistas para entender los diagramas

* Fíjate bien en el dibujo.
* Lee los rótulos.
* Observa las líneas o flechas indicadoras.

DOS EJEMPLOS:

Cómo te llega la electricidad

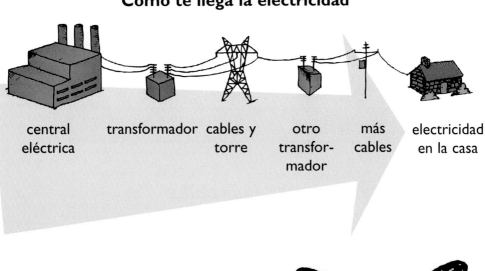

| central eléctrica | transformador | cables y torre | otro transformador | más cables | electricidad en la casa |

Metamorfosis de una mariposa

Huevo   Oruga   Capullo   Mariposa adulta

Las tablas

Una **tabla** organiza palabras y números de forma gráfica para ayudarte a encontrar información rápidamente. Cada tabla tiene dos partes básicas: las filas horizontales y las columnas verticales. Aquí tienes un ejemplo:

Estudiantes de cuarto grado y sus animales

Tipo de animal	Número de niños
Perro	15
Gato	12
Pez	5
Pájaro	2
Hámster	2
Serpiente	1

Pistas para entender las tablas

* Lee el título para saber de qué se trata.
* Mira los encabezamientos de las columnas. ("Tipo de animal" y "Número de niños" son los encabezamientos de las columnas en el ejemplo.)
* Lee las filas.
* Haz preguntas. Por ejemplo: ¿Qué te dice la tabla que ves arriba? ¿Cuántos niños tienen gatos? ¿Cuántos niños tienen hámsters? (Haz tú también algunas preguntas.)

Tipos de tablas

Éstos son ejemplos de la información que puedes hallar en una tabla:

- Horarios del autobús (Mira la tabla que sigue.)
- Horarios escolares
- Guía de televisión
- Productos y sus precios

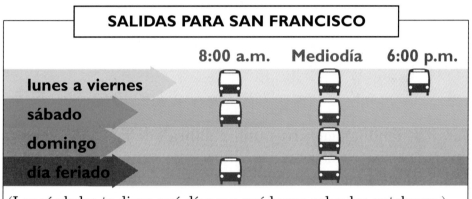

SALIDAS PARA SAN FRANCISCO

	8:00 a.m.	Mediodía	6:00 p.m.
lunes a viernes	🚌	🚌	🚌
sábado	🚌	🚌	
domingo		🚌	
día feriado	🚌	🚌	

(Los símbolos te dicen qué días y a qué horas salen los autobuses.)

Responde a estas preguntas sobre el horario del autobús:

a. ¿Cuántos autobuses saldrán el Día de Acción de Gracias?

b. ¿Puedes tomar un autobús el sábado después de las 4 p.m.? (Comprueba tus respuestas al pie de la página.)

Recuerda: Para interpretar información gráfica:

✳ Lee el título.

✳ Fíjate bien en los símbolos, diagramas y tablas.

✳ Lee los rótulos y fíjate en las líneas o flechas indicadoras.

✳ Haz preguntas y piensa.

a. Dos, b. No

Deducir el significado de una palabra

Cuando encuentres una palabra que no conoces, no te preocupes. (¡Ni escondas el libro bajo los cojines del sofá!) Aquí tienes cuatro **estrategias** que te pueden ayudar a entender lo que significan esas palabras.

1. Lee, haz una predicción y comprueba.

Primero, lee la oración entera, saltando la palabra que no conoces. Después, trata de adivinar lo que significa la palabra desconocida. Para eso, puedes pensar en...

* las palabras que *sí* conoces,
* las ilustraciones de la página y
* lo que ya sabes del tema.

Por último, comprueba tu predicción. Lee de nuevo la oración entera usando tu predicción sobre el significado de la palabra desconocida. ¿Tiene sentido la oración? Si es así, es probable que tu predicción sea acertada.

2. Busca prefijos, sufijos y raíces.

Muchas palabras largas están formadas por partes de palabras cortas que ya conoces. *Ejemplos:*

	prefijo	raíz	sufijo
extrañamente =		extraña +	mente
prehistoria =	pre +	historia	
deshojado =	des +	hoja +	ado

(Busca los significados de los prefijos, sufijos y raíces más comunes en las páginas 214–223 de este manual.)

3. Busca palabras compuestas.

Muchas palabras largas están formadas por dos palabras cortas. A estas palabras las llamamos "palabras compuestas". Aquí tienes algunos ejemplos: *bocacalle, mediodía, parabrisas* y *rompecabezas.*

4. Busca en un libro de consulta.

Si las estrategias anteriores no te han ayudado a averiguar el significado de la palabra desconocida, puedes consultar un diccionario o una enciclopedia.

IMPORTANTE ▶ ▶ ▶ Si aun así no puedes entender la palabra desconocida, pídele ayuda a alguien.

Leer
para entender

Un buen lector es quien entiende lo que lee. Comprender lo que se lee hace que la lectura sea una actividad entretenida y útil, y ayuda a recordar y a aprender. Si puedes leer y entender, puedes descubrir cosas maravillosas sobre el mundo en el que vives.

Cuatro maneras de leer mejor:

1. Lee con frecuencia. (Cuanto más leas, más fácil te resultará.)
2. Lee distintos materiales. (Lee cuentos, libros de consulta, periódicos y revistas.)
3. No leas siempre a la misma velocidad. (Por ejemplo, lee más despacio cuando haya muchos datos en lo que lees.)
4. Para entender mejor, usa estrategias de lectura. (Este capítulo te explicará cómo hacerlo.)

Antes, durante y después

Una **estrategia de lectura** es un plan para hacerte más fácil la lectura. Aquí tienes algunas estrategias para ayudarte a leer libros de consulta.

Antes de la lectura

Vistazo preliminar: Estudia el título, los encabezamientos y los dibujos.

Piensa en el tema: Decide lo que ya sabes sobre el tema. Haz predicciones sobre lo que te dirán los capítulos del libro.

Determina tu objetivo: Decide lo que quieres averiguar.

Durante la lectura

Haz pausas: Mientras lees, piensa en cada idea nueva.

Busca respuestas: Fíjate bien en las partes que responden a las preguntas que tienes sobre el tema.

Toma apuntes: Anota algunos datos.

Después de la lectura

Repasa: ¿Encontraste respuestas a tus preguntas principales? ¿Qué aprendiste?

Comenta: Habla sobre lo que leíste con un compañero o un familiar, o escribe algunos comentarios en tu diario.

Saber Querer Aprender

SQA es otra buena estrategia de lectura. Para usar esta estrategia necesitas hacer una tabla SQA. Para hacer tu tabla, sigue estas instrucciones:

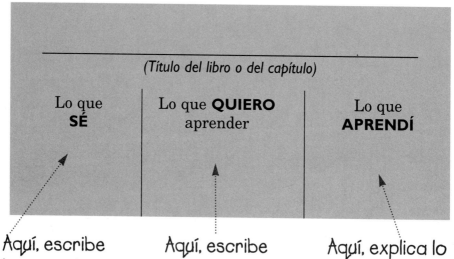

(Título del libro o del capítulo)

| Lo que **SÉ** | Lo que **QUIERO** aprender | Lo que **APRENDÍ** |

Aquí, escribe lo que sabes del tema.

Aquí, escribe tus preguntas.

Aquí, explica lo que aprendiste.

Esta estrategia te ayuda a determinar lo que ya sabes sobre un tema para escribir un informe... y qué otras cosas necesitas aprender.

MODELO de tabla SQA

La tabla que sigue es una tabla SQA.

Máquinas de construcción y lo que hacen

S Lo que sé	Q Lo que quiero saber	A Lo que aprendí
1. Las máquinas de construcción excavan la tierra. 2. Algunas pueden levantar cosas. 3. Algunas mezclan cemento.	1. ¿Cómo se llaman todas las máquinas? 2. ¿Qué máquinas nuevas hay? 3. ¿Cómo se construye un edificio?	1. Nombres que aprendí: torre, hormigonera, trituradora, excavadora. 2. Para construir un edificio hay que instalar muchas tuberías subterráneas. 3. Hay...

DESPUÉS DE LEER, REVISA LA ÚLTIMA COLUMNA PARA VER SI RESPONDISTE A TODAS TUS PREGUNTAS. TAL VEZ DESEES AÑADIR ALGUNAS PREGUNTAS A LA COLUMNA Q Y LEER ALGO MÁS SOBRE EL TEMA.

Mapa de ideas

Una estrategia que te ayuda a organizar las ideas sobre un tema es hacer un **mapa de ideas**. Primero, escribe el tema en el centro de una hoja de papel. Después, a medida que lees, ve dibujando un mapa de las ideas principales y los detalles del tema. Aquí tienes un ejemplo:

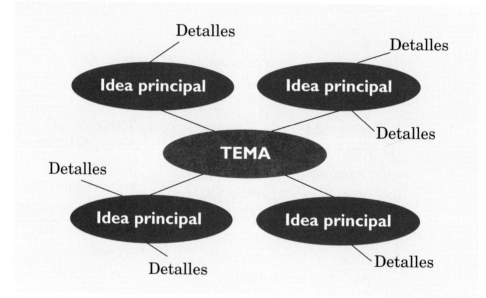

Ideas principales ● Una *idea principal* es una parte importante del tema. Las ideas principales aparecen en los encabezamientos, en palabras en letra negrita, o en la primera o la última oración de un párrafo. Escribe estas ideas en círculos y dibuja una línea que las una al tema.

Detalles ● Los *detalles* ayudan a explicar cada idea principal. Puedes encontrarlos en los párrafos y las tablas. Une los detalles a la idea principal.

MODELO de mapa de ideas

Este mapa de ideas está basado en una lectura.

Escribir para aprender

Aquí tienes dos estrategias que te ayudarán a escribir para entender mejor lo que lees.

Haz una pausa y escribe ● Escribe lo que piensas sobre algo que te parece importante o sorprendente. Escribe una o dos oraciones. Después, vuelve a la lectura.

Cuéntalo de nuevo ● Imagínate que estás explicándole lo que leíste a un amigo. Escribe todo lo que necesites saber para entender el tema.

Vocabulario y ortografía

Enriquece tu
vocabulario

Casi todos los días ves y oyes palabras desconocidas. Quizás tu maestro use una palabra que no habías oído antes, o es posible que hayas encontrado palabras nuevas al leer un libro o al ver un programa de televisión.

¿Qué hay de nuevo?

Para preparar un sándwich sabroso necesitas muchos ingredientes, pero para tener un vocabulario amplio, sólo hace falta una cosa —aprender palabras desconocidas. Si conoces muchas palabras te resultará más fácil expresarte. Este capítulo te explica cómo enriquecer tu vocabulario.

mostaza

salsa
tor

Cómo aprender palabras

1. ¡Lee, lee y lee!

La mejor manera de aprender palabras es leer mucho. ¡Lee todo lo que puedas: libros, revistas y periódicos!

2. Busca pistas en las palabras cercanas.

Las palabras que vienen antes y después de una palabra desconocida pueden darte una idea de lo que significa. Fíjate en esta oración:

El experto en animales habló de garzas, grullas e ibises.

¿Ibises? Probablemente no conoces esta palabra. Pero, mira las palabras que vienen antes. Garzas y grullas son aves de patas largas; por lo tanto, es probable que las ibises también sean aves de patas largas.

Esta oración también contiene una palabra difícil:

En el trabajo, mi mamá usa un microscopio para ver microbios.

El microscopio es un instrumento que se usa para ver cosas muy pequeñas. ¿Qué palabras te sirven de pista?

3. Pon en un cuaderno las palabras nuevas que aprendas.

Haz un cuaderno de palabras nuevas, con el significado de cada palabra y una oración de ejemplo.

Vocabulario

Palabra	Significado	Oración
ibis	ave de patas largas que vive en las orillas de los ríos	La ibis es un ave de pico largo y curvo.
microscopio	instrumento que se usa para observar de cerca objetos muy pequeños	La mamá de Carla usa un microscopio para estudiar la contaminación del agua.

4. Usa las palabras nuevas.

Trata de practicar las palabras nuevas al escribir y al hablar. Por ejemplo, cada semana podrías elegir una palabra de tu cuaderno y usarla cuando hables con tus amigos y con tu familia. Si practicas las palabras que has aprendido te será más fácil recordarlas.

5. Busca la palabra en el diccionario.

En el **diccionario** puedes encontrar el significado de palabras desconocidas. Además, el diccionario te ofrece otros datos.

Palabras guía ● Estas palabras aparecen en la parte de arriba de la página, y te ayudan a ubicarte en el diccionario siguiendo un orden alfabético.

Ortografía ● El diccionario te muestra la ortografía correcta de las palabras.

Uso de la palabra ● El diccionario te dice si la palabra es *sustantivo (nombre), verbo, adjetivo,* etc.

Etimología ● Esta sección te explica el origen de la palabra y lo que significaba en el pasado.

Sinónimos ● Con algunas palabras, el diccionario incluye otros términos que tienen el mismo significado.

Significado ● Algunas palabras tienen un solo significado, y otras tienen varios.

Ejemplo de una página de diccionario

Palabra guía —————— **saco**

Uso de la palabra —————

saco *sust. m.* **1:** prenda exterior de vestir que cubre hasta más abajo de la cintura **2:** bolsa grande que se usa para llevar algo

sacrificar *v.* **1:** ofrecer algo en honor de un dios **2:** matar un animal para venderlo como comida **3:** rechazar algo para conseguir otra cosa **4:** sacrificarse: hacer de forma generosa algo que cuesta mucho

sacrificio *sust. m.* **1:** ceremonia en la que se ofrece una víctima a un dios como señal de respeto **2:** algo que cuesta un gran esfuerzo

Significado —————— **sacudida** *sust. f.* **1:** movimiento violento de un lado a otro **2:** impresión fuerte

sacudir *v.* **1:** mover de un lado a otro **2:** dar golpes a algo o moverlo en el aire para limpiarlo **3:** quitar el polvo de los muebles **4:** producir una impresión fuerte SINÓNIMOS: agitar, remover, menear

saeta *sust. f.*: proyectil que se dispara con un arco y que está formado por una barrita delgada que tiene una punta afilada

Sinónimo —————— SINONIMO: flecha

safari *sust. m.*: excursión que se hace para cazar animales en algunas regiones de África

Ortografía —————— **sagitario** *adj.* o *sust.*: uno de los doce signos del zodíaco

sagrado, da *adj.* **1:** dedicado a un dios o relacionado con su culto **2:** que es digno de respeto

sal *sust. f.*: sustancia blanca que se usa para cocinar los alimentos y que da el sabor al agua de mar

sala *sust. f.* **1:** habitación con un uso determinado **2:** habitación principal de una casa donde hace vida la familia

salacot *sust. m.*: sombrero de forma redondeada que se usa en regiones calurosas

salado, da *adj.* **1:** con sal o con más sal de la necesaria **2:** que tiene mala suerte

Etimología —————— **salario** *sust. m.*: (derivado de "sal", porque era la paga que se daba a los soldados romanos para que compraran sal) cantidad de dinero que se gana por un trabajo SINÓNIMOS: sueldo, jornal, paga

salero *sust. m.*: recipiente donde se guarda la sal

salacot

6. Usa un diccionario de sinónimos.

Un **diccionario de sinónimos** es útil para buscar otras palabras que tengan un significado muy parecido a una que ya conoces. Por ejemplo, si buscas *caminar*, hallarás como sinónimos *andar* y *marchar*. A veces, también puedes encontrar antónimos, que son palabras que significan lo contrario; por ejemplo, *salir* es el antónimo de *entrar*.

Busca la palabra apropiada ● Usa un diccionario de sinónimos y busca un sinónimo de *lanzar* para usarlo en esta oración:

José iba a _____ la pelota.

Busca la palabra *lanzar* como lo harías en un diccionario normal. Como ves, se encuentra entre *lanudo* y *lavar*.

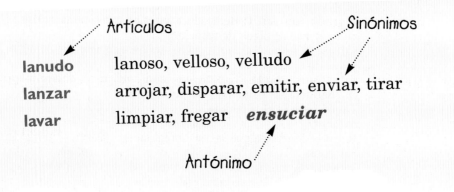

Elige la palabra apropiada ● Mira la lista de sinónimos y elige otra palabra para tu oración. En este ejemplo, puedes utilizar *arrojar:*

José iba a <u>arrojar</u> la pelota.

1. Divide la palabra en partes.

Conocer las tres partes que una palabra puede tener te ayudará a averiguar su significado:

 La **raíz** es la base de la palabra.

El **prefijo** viene antes de la raíz y cambia su significado.

 El **sufijo** viene después de la raíz y también cambia su significado.

Mira este ejemplo:

Raíz: ciclo (significa *rueda*)

Prefijo: monociclo

Sufijo: ciclista

Prefijo y sufijo: monociclista

Echa un vistazo

Si sabes el significado de "mono-" y de "-ista", puedes determinar qué significan las demás palabras con *ciclo*:

* Si sabes que el prefijo "mono-" significa "uno", entonces puedes deducir que *monociclo* debe ser un vehículo con una rueda.

* Si el sufijo "-ista" significa "alguien que hace algo", entonces un *ciclista* debe ser una persona que va en bicicleta.

* Y un *monociclista* debe ser alguien que anda en un monociclo, o bicicleta de una sola rueda.

Diccionario
de prefijos, sufijos y raíces

Sería perfecto tener una máquina super poderosa en la que, con un simple tirón de unas palancas, pudieras crear toda clase de palabras; y que, al apretar un botón, te diera el significado. Lo lamentamos, pero no tenemos una máquina como ésa.

Sin embargo...

Lo que sí tenemos, como verás en las siguientes nueve páginas, es un diccionario de los prefijos, sufijos y raíces más comunes. Este diccionario especial te ayudará a enriquecer tu vocabulario. Ya que no tienes palancas de las que tirar o botones para apretar, te sugerimos que trabajes con las palabras en un cuaderno para el vocabulario. (Mira la página 209.)

Recuerda:

* Una **raíz** es una palabra base (ángulo).
* Un **prefijo** viene antes de la raíz (<u>tri</u>ángulo).
* Un **sufijo** viene después de la raíz (triangul<u>ito</u>).

Prefijos

Los **prefijos** vienen antes de la raíz y cambian su significado.

anti (contra)

anticuerpo (parte de la sangre que combate los gérmenes)

auto (uno mismo)

automático (que funciona por sí solo)

bi (dos)

bicicleta (vehículo de dos ruedas)

centi (cien)

centígrado (grado de una escala dividida en cien grados)

des (lo contrario de)

deshacer (lo contrario de hacer)

hemi, semi (medio)

hemisferio (media esfera)
semicírculo (medio círculo)

micro (muy pequeño)

microscopio (aparato para observar cosas muy pequeñas)

mono (uno)

monocarril (tren que usa un solo carril o vía)

Prefijos

mult (muchos)

multicultural (que incluye muchas culturas)

omni (todo)

omnívoro (que come de todo)

poli (varios)

políglota (persona que habla varias lenguas)

post (después)

postguerra (después de la guerra)

pre (antes)

predecir (anunciar algo antes de que suceda)

re (de nuevo, otra vez)

recomenzar (comenzar algo de nuevo)

sub (debajo)

subterráneo (debajo de la tierra)

tri (tres)

triángulo (figura que tiene tres ángulos)

trans, tras (de un lado a otro)

transportar (llevar de un lado a otro)

uni (uno)

unicornio (animal de un solo cuerno)

Sufijos

Los **sufijos** aparecen después de la raíz y cambian su significado.

ble (digno de)

adorable (digno de adoración)

ción, sión (acción)

invención (acción de inventar)

ería (lugar)

zapatería (donde se venden zapatos)

ero (ocupación)

pastelero (persona que hace pasteles)

ico, ín, ito, illo (diminutivo)

trencito (tren pequeño)

ísimo (muy, superlativo)

lindísimo (muy lindo)

ista (ocupación)

pianista (persona que toca el piano)

logía (estudio)

biología (estudio de los seres vivos)

mente (de cierto modo)

inteligentemente (de modo inteligente)

Sufijos

ón, ote (muy, aumentativo)

guapetón (muy guapo)

oso (lleno de)

bondadoso (lleno de bondad)

tor (que hace algo)

escritor (persona que escribe)

Raíces

La **raíz** es la parte principal de una palabra y te ayuda a entender lo que la palabra significa. En las cinco páginas que siguen encontrarás algunas de las raíces más comunes.

agri (campo)

agricultura (cultivo de la tierra)

an (año)

aniversario (día en que se cumplen los años que han pasado desde un suceso)
anual (que ocurre cada año)

anfi (ambos)

anfibio (un animal que vive en la tierra y en el agua)

astro (estrella, espacio)

astronauta (viajero en el espacio)
astronomía (estudio de las estrellas y el espacio)

aud (oír)

auditorio (lugar donde se escucha un concierto)

biblio (libro)

bibliografía (lista de libros)

bio (vida)

biografía (historia de la vida de una persona)

ciclo (rueda, circular)

bicicleta (vehículo con dos ruedas)

Raíces

crono (tiempo)

cronológico (orden de los sucesos)

demo (pueblo)

democracia (gobierno en el que el pueblo decide)

dent (diente)

dentadura (conjunto de los dientes de una persona)
dentista (experto en el cuidado de los dientes)

derm (piel)

dermatología (estudio de las enfermedades de la piel)

dinam (fuerza)

dinamita (explosivo poderoso)

equi (igual)

equinoccio (momento en que el día y la noche duran lo mismo)

flex (doblar)

flexible (que se dobla con facilidad)

fon (voz, sonido)

teléfono (aparato por el que se transmite la voz)

foto (luz)

fotografía (imagen formada por la luz)

geo (la Tierra)

geografía (estudio de la Tierra)

graf, gram (escribir)

autógrafo (escribir uno su propio nombre)
crucigrama (escrito con palabras cruzadas)

hidro (agua)

hidroeléctrico (con electricidad creada por la fuerza del agua)

jur, jus (leyes)

jurista (persona experta en las leyes y el derecho)
justicia (aplicación de las leyes)

macr, mag (grande)

macrocéfalo (de cabeza muy grande)
magnífico (de mucho valor o mérito)

med (curar)

medicina (ciencia que estudia las enfermedades)

mega (grande)

megáfono (aparato que aumenta el volumen de un sonido)

mem (recordar)

memoria (capacidad de recordar)

meta (cambio)

metamorfosis (transformación de una cosa)

Raíces

metro (medida)

termómetro (instrumento que mide la temperatura)

noct (noche)

nocturno (que sale de noche)

piro (fuego)

pirotecnia (fuegos artificiales)

podo (pie)

trípode (objeto con tres pies)

port (llevar)

portátil (que se puede llevar)

psico (mente, alma)

psicología (estudio de la mente)

scopio (ver)

periscopio (instrumento que se usa para ver el exterior desde un submarino)

spec (mirar)

inspeccionar (mirar con mucha atención)

taqui (rápido)

taquicardia (velocidad excesiva de los latidos del corazón)

tele (distancia)

telescopio (instrumento para ver a distancia)

termo (calor, caliente)

termostato (aparato para regular la temperatura)

tecnia (arte)

técnica (método que se usa en un arte, una ciencia, o una actividad)

vid (ver)

video (cinta que contiene información que se puede ver)

vero (verdad)

verificar (determinar si algo es verdad)

zoo (animal)

zoología (estudio de los animales)

Mejora tu
ortografía

Si conoces las principales reglas de ortografía, te será más fácil escribir correctamente las palabras dudosas.

● Uso de la b y la v

Se usa la **b** (larga o grande)...

* ante otra consonante: **blusa, bruja, observar.**
* en todas las formas del verbo haber: **habrá, hubo.**
* en el tiempo imperfecto de los verbos terminados en **-ar: hablaba, jugaba.**

Se escribe **v** (corta o chica)...

* después de **b, d** y **n: obvio, advertir, enviar.**
* en todas las formas del verbo **tener** y de sus compuestos: **tuviste, obtuvo, estuvo.**
* en adjetivos terminados en **-ava, -ave, -avo, -eva, -eve, -evo, -iva, -ivo: suave, leve, nuevo.**

● Uso de la h   Se escriben con **h**...

* las palabras que empiezan por **hidr-, hip-, hie-, hue-, hui-: hidratar, hipopótamo, hierro, hueco**
* todas las formas de los verbos **haber** y **hacer**

● Uso de la g y la j

Se escriben con **g**...

  ✳ la mayor parte de las palabras con las letras **gen,**
    formen o no sílaba: **gente, ingenioso, general.**
    (Algunas excepciones: **jengibre, ajeno.**)

  ✳ la mayor parte de las palabras terminadas en
    -gio, -gia y sus plurales: **energía, elogio, naufragio.**

Se escriben con **j**...

  ✳ las formas del verbo **traer** con este sonido, y sus
    compuestos: **traje, atrajo, distrajiste.**

  ✳ la mayoría de las palabras terminadas en **-aje,**
    -eje, -jería, -jero: coraje, brujería, cerrajero.
    (Hay excepciones: **ligero.**)

● La diéresis Ponemos dos puntos sobre la **u** cuando
  queremos que la **u** se pronuncie en las sílabas **gue** y
  gui: bilingüe, pingüino.

● Uso de la m y la n

Se escribe **m**

  ✳ delante de **b** y **p: también, noviembre, campo.**

Se escribe **n**

  ✳ delante de **v** y **f: invento, triunfo, infinito.**

● Uso de la rr

Sólo se escribe **rr**

  ✳ entre vocales, en el medio de una palabra: **guerra,**
    perro, cerro, torre.

Historia de la lengua española

Las lenguas, como las personas, tienen familia. Las lenguas dentro de una familia se parecen, igual que los miembros de una familia de verdad. El español pertenece a la familia de las lenguas romances, y algunos de sus hermanos son el francés, el italiano, el portugués y el rumano. Todas estas lenguas vienen del latín, la lengua que se hablaba en la antigua Roma. Se podría decir que el latín es la madre de las lenguas romances.

Las raíces de nuestra lengua

La historia del español continúa en el reino de Castilla. Hace unos 1,000 años, Castilla era un pequeño reino del norte de la península donde hoy están España y Portugal. El castellano era una más de las lenguas derivadas del latín que se hablaban en los reinos cristianos. Estos reinos luchaban contra los árabes que vivían hacia el sur. La lengua castellana de entonces no era como el español que hablamos ahora, pero fue cambiando al recibir la influencia del árabe y de otras lenguas.

La evolución del español

A medida que el reino de Castilla se fue haciendo más poderoso, su lengua se fue extendiendo. Hacia el año 1300 apareció una de las primeras obras escritas en castellano, el *Cantar de Mio Cid*, un poema que narra las aventuras del guerrero Rodrigo Díaz de Vivar. Más adelante, la invención de la imprenta, en el siglo XV, ayudó a la difusión de la lengua española.

El año 1492, los árabes fueron expulsados de España. Sin embargo, todavía conservamos muchas palabras de origen árabe, como *almohada* o *alcohol*. Ese mismo año, Cristóbal Colón llegó a las costas de América con tres carabelas pagadas por los reyes de España.

El español en América

En unos pocos cientos de años, la lengua de un pequeño reino pasó a ser hablada por millones de personas en todo el mundo.

En los siglos siguientes, el español se extendería por casi todo el continente, y las lenguas de los pueblos de América enriquecieron al español con nuevas palabras que designaban objetos, plantas o animales que no existían en Europa: *canoa* e *iguana* del arauaco, *maíz* y *maní* del taíno, *papa* y *puma* del quechua, *chocolate* y *guajolote* del náhuatl o azteca, entre otras.

Como ahora hay tanta gente en el mundo que habla español, a veces hay muchas maneras de decir la misma cosa. En las páginas 342–343 encontrarás algunas de las variaciones más comunes.

La historia continúa

En la actualidad el español es la lengua de unos trescientos millones de personas. Pero la historia del español no ha terminado.

Nuevos inventos e ideas han hecho que se crearan palabras nuevas. Así fueron surgiendo términos como *automóvil*, *teléfono*, *televisión*, *computadora* y otros, que se han convertido en parte de nuestra lengua. Al mismo tiempo, muchas palabras que antes se usaban con frecuencia han caído en el olvido.

La lengua continúa cambiando cada día y, de hecho, aunque no te des cuenta, tú también contribuyes a su desarrollo. La historia del español es la historia de todos los que lo hablamos.

Palabras de todo el mundo

La lengua española tiene palabras derivadas de muchas otras lenguas. Esta tabla te muestra algunas de esas palabras y te dice de dónde proceden.

Latín
abuela, madre, padre, hombre, mujer, mañana, noche, sol, luna, los meses del año, los días de la semana

Griego
alfabeto, broma, escuela, guitarra, matemáticas, pirata

Árabe
ajedrez, azúcar, barrio, marfil, momia, naranja, ojalá

Náhuatl
aguacate, cacao, ocelote, tomate

Francés
bufanda, flecha, pantalón

Alemán
blanco, guante

Japonés
quimono

Malayo
orangután

Taíno
batata, hamaca, sabana

Inglés
boxeo, fútbol

Italiano
macarrón, piano, tarántula

Turco
café

Guaraní
ñandú, tucán

Vasco
pizarra

Cómo hablar y escuchar mejor

Aprende a
Observar

Algunas personas piensan que debes leer un libro o jugar con tu hermanita en vez de mirar la televisión. ¿Qué saben ellos? En la televisión hay muchos programas interesantes, especialmente los que te pueden ayudar a entender el mundo que te rodea.

Observar al mundo

Piensa en todo lo que puedes encontrar en la televisión:

* sucesos importantes
* gente interesante
* lugares desconocidos
* animales raros
* hallazgos sorprendentes
* desastres naturales

Este capítulo te ayudará a analizar los programas que informan sobre personas, lugares y sucesos importantes.

También aprenderás lo que hay detrás de los anuncios comerciales.

Los noticieros

Algunos **noticieros** te informan sobre tu comunidad o tu estado. Otros dan las noticias nacionales y mundiales. Recuerda estas tres cosas sobre los noticieros.

1. Los noticieros no pueden decirnos todo lo que sucede cada día. Eso tomaría muchísimo tiempo. Los directores de programación tienen que elegir qué tres o cuatro sucesos van a presentar.

2. Los noticieros no pueden relatar todos los detalles de cada suceso. Si los periodistas dedican demasiado tiempo a una historia, no les quedará tiempo para relatar otras.

3. Los periodistas no siempre conocen todos los hechos. Continúa mirando. Por lo general, los hechos se van aclarando con el tiempo.

Datos fundamentales

Un buen reportaje debe ofrecer los datos esenciales:

¿Quién?	Lupe Sánchez, estudiante de tercer grado,
¿Qué?	dio la vuelta al mundo en bicicleta
¿Cuándo?	la semana pasada.
¿Dónde?	Empezó su viaje en Philadelphia.
¿Por qué?	Quería saber si era capaz de hacerlo.
¿Cómo?	El papá de Lupe es piloto. ¡Lupe y su bicicleta hicieron el viaje en avión!

Los programas especiales

Los programas especiales de televisión informan sobre personas, lugares, animales o sucesos. Es probable que hayas visto muchos programas especiales sobre la naturaleza o sobre sucesos famosos y animales raros o misteriosos como el monstruo del lago Ness. Fíjate en estas pistas para sacar provecho de lo que ves en la televisión.

Antes del programa

Antes de mirar un programa especial, piensa en qué quieres aprender del tema.

Si tu maestro te hace preguntas para que busques la respuesta, asegúrate de que entiendes lo que te pregunta.

Durante el programa

Mientras miras el programa, haz algunos apuntes breves para ayudarte a recordar las ideas importantes.

Después del programa

Habla sobre el programa con alguien que lo haya mirado. O responde a las preguntas que te dio el maestro. (También podrías escribir sobre el programa en tu diario.)

Los anuncios

Un televidente normal mira unos 400 anuncios cada semana. Increíble, ¿no te parece?

La mayoría de programas de televisión se pagan gracias a los **anuncios**. Imagínate que ves el anuncio de una marca de juguetes durante un programa de dibujos animados. Esa marca tiene que pagarle al canal de televisión (ABC, CBS, Univisión, etc.) para que dé el anuncio. El canal de televisión usa luego el dinero para hacer los dibujos animados, o para comprarlos.

Métodos de venta

En la mayoría de los casos, la gente que hace los anuncios tiene un solo objetivo: convencerte de que compres cosas. Por eso utilizan diferentes métodos para hacerte creer que sus productos son maravillosos. Aquí tienes algunos de esos métodos:

UNIRSE A UN GRUPO: Algunos anuncios muestran a un grupo de personas disfrutando de cierto producto. Al ver estos anuncios, es posible que tú también quieras comprar ese producto y entrar así a formar parte de ese grupo.

CRITICAR: En vez de decir que un producto es de buena calidad, algunos anuncios dicen que otras marcas no son tan buenas. Por ejemplo: Hay muchos productos baratos de muy baja calidad.

Otros métodos

HACER UNA DEMOSTRACIÓN: Algunos anuncios te muestran cómo funciona algún producto. Por ejemplo, pueden hacerte ver que es muy fácil jugar un juego. ¡Es tan fácil que hasta tú lo puedes jugar!

CARAS CONOCIDAS: Si ves a personas famosas en los anuncios, es porque así se venden más productos. *El gran Jorge Campos usa zapatos X. Úsalos tú también.*

DATOS Y MÁS DATOS: Un anuncio puede usar estadísticas para vender un producto. *Nueve de cada 10 niños prefieren el chicle Y. Así que, ¡debes probarlo!*

ANTES Y DESPUÉS: Supongamos que un anuncio muestra a un estudiante que tiene dificultades para hacer su tarea. Luego vemos al mismo estudiante con una sonrisa de oreja a oreja después de que alguien le dio una barra de chocolate Z. Ésta es la idea: *¡Nuestro producto te hará feliz!*

Aprende a
escuchar.

Una gran parte de tu tiempo la dedicas a escuchar. Escuchas a tus amigos, a tus padres, ¡hasta lo que se dice en la televisión! Pero escuchar no es lo mismo que oír. Es posible que oigas a tu hermano mientras habla por teléfono, pero sólo cuando prestes atención estarás escuchando lo que dice.

oír	y	escuchar
Un perro que ladra		Un amigo que te cuenta algo
Un avión que pasa		Tu maestro cuando te ayuda
La televisión en el cuarto de al lado		La televisión cuando hay un programa que te interesa

¿Estás escuchando?

Escuchar te ayuda a aprender. Cuanto mejor escuches, más aprenderás. Sin embargo, escuchar no es fácil. Tienes que prestar atención y fijarte en las palabras de la persona que habla. En la página siguiente encontrarás consejos sobre cómo escuchar.

Cómo escuchar bien

Estos consejos pueden serte útiles cuando escuches a un amigo, a uno de tus padres o a tu maestro.

- Mira a la persona que habla.
  No mires por la ventana.
  ¡Tu mente sigue a tus ojos!

- Préstale toda tu atención a la persona que habla.
  Escucha bien todas las palabras.

- Presta atención a las palabras y frases más importantes.
  * El planeta más **grande** es Júpiter.
  * El planeta más **alejado** del Sol es Plutón.

- No te fijes sólo en las palabras.
  Determina qué piensa la persona sobre sus ideas.

- Piensa en lo que se dice.
  ¿Cómo te afectan las ideas de esta persona?

- Si no entiendes algo, haz preguntas.
  En la clase, levanta la mano antes de preguntar.

- Toma notas.
  Pero no escribas demasiado.
  Anota sólo las ideas importantes.

Recita
Poemas

   Un grupo de actores fue a la escuela de Lola a recitar poemas. Con sus gestos y movimientos, los actores dieron vida a los versos. Los estudiantes no se cansaban de escucharlos. No pensaban que la poesía pudiera ser tan divertida.

Estudiantes en el escenario

   Lola y algunos de sus compañeros de clase tenían interés en recitar poemas. Conocían muchos poemas y también habían escrito algunos. (La verdad es que querían presumir delante de sus compañeros.) En este capítulo, te vamos a mostrar a ti y a Lola cómo recitar los poemas que hayan escrito.

Cómo llevar la poesía de la página al escenario

Si sigues los pasos de las cuatro páginas que siguen, tu recital de poesía será todo un éxito.

Forma un grupo

Reúnete con algunos compañeros de clase. Un grupo de dos, tres o cuatro actores tiene el tamaño adecuado.

Busquen poemas para recitar

¿Han escrito poemas tú o tus compañeros? Estúdienlos, y busquen también libros de poemas en la clase, en la biblioteca o en sus casas.

Tipos de poemas Por turno, lean en voz alta los poemas. Reúnan poemas cómicos, ingeniosos y serios.

El poema apropiado Consideren primero los poemas que tienen mucha acción, porque serán más fáciles de recitar. Los poemas que hablan de los sentimientos son más difíciles, pero pueden intentarlo.

Escriban el guión

Después de elegir un poema, determinen los papeles. Este proceso se llama **preparar un guión.** Con el poema "La serpiente" mostraremos cómo se hace. Primero, lee este poema. Después, fíjate en cómo se prepara el guión.

La serpiente

Juan vino hoy a la clase con su serpiente pitón.
"Mi serpiente va siempre conmigo" declaró.
"Serpiente más mansa no puede haber" afirmó.
"Nunca los podría morder" aseguró.
A pesar de eso, ¡la serpiente se lo tragó!

El guión ● En el guión para el poema actúan dos narradores (personas que relatan), Juan y su serpiente.

Narrador 1:	Juan vino hoy a la clase con su serpiente pitón.
Juan:	"Mi serpiente va siempre conmigo"
Narrador 2:	declaró.
Juan:	"Serpiente más mansa no puede haber"
Narrador 2:	afirmó.
Juan:	"Nunca los podría morder"
Narrador 2:	aseguró.
Serpiente:	A pesar de eso, ¡la serpiente se lo tragó!

PARA ESCRIBIR EL GUIÓN DE TU POEMA, TIENES QUE DETERMINAR CUÁNTOS ACTORES NECESITARÁS. PUEDE HABER PAPELES PARA LAS PERSONAS Y TAMBIÉN PARA LOS ANIMALES O LOS OBJETOS. DESPUÉS DE ESCRIBIR EL GUIÓN, DALE UNA COPIA A CADA UNO DE LOS ACTORES.

Instrucciones para la representación

En las **instrucciones para representar el poema** tienes que describir con palabras los sentimientos y gestos para los papeles de tu guión. No tienes que escribir algo para cada verso. A veces, puedes limitarte a recitar.

		Sentimientos	**Gestos**
Narrador 1:	Juan vino hoy a la clase con su serpiente pitón.	*(asustado)*	**se muerde las uñas**
Juan:	"Mi serpiente va siempre conmigo"	*(orgulloso)*	**sacar pecho**
Narrador 2:	declaró.	*(orgulloso)*	
Juan:	"Serpiente más mansa no puede haber"	*(tranquilo)*	**hacer como si acariciara a la serpiente**
Narrador 2:	afirmó.	*(tranquilo)*	
Juan:	"Nunca los podría morder"	*(enojado)*	**golpear con el pie en el suelo mientras la serpiente trata de comérselo**
Narrador 2:	aseguró.	*(enojado)*	
Serpiente:	A pesar de eso, ¡la serpiente se lo tragó!	*(furtivamente)*	**se para delante de Juan frotándose el estómago**

Representar el poema

Después de escribir el guión y las instrucciones para la representación, ensayen leyéndolo en voz alta. Sigan ensayando hasta que todos se hayan aprendido los versos de memoria. Entonces, ¡prepárense para recitarlo en público!

Cinco pistas para la representación

- Tengan confianza. Párense o siéntense derechos, sin hacer movimientos nerviosos.

- Miren al público. Nunca le den la espalda a su público.

- Presenten el poema y al poeta. Antes de la representación, anuncien juntos el título del poema y el nombre del autor. Luego, vayan a su lugar para empezar.

- Hablen en voz alta. Es importante que todos puedan oírlos. Acuérdense también de añadir los sentimientos y gestos apropiados mientras hablan.

- Salgan en silencio. Después del recital, hagan una breve pausa, saluden con una inclinación y regresen a sus asientos.

PRÓXIMA PARADA Antes de recitar un poema que hayas escrito tú, practica con el de esta página. Forma un grupo y piensa en los sentimientos que quieren expresar al representar este poema, y en los gestos que usarán. (Consulta las páginas 243 y 244.) Luego, ¡diviértanse!

Microbios musicales

En el microscopio de la clase,
algo raro vio Julián:
unos microbios muy extraños,
¡muy extraños de verdad!

Sentado en un cojín,
uno tocaba el violín.

Otro era regordete
y tocaba el clarinete.

Otro, en una bicicleta,
tocaba la trompeta.

En el microscopio de la clase,
una microbanda vio Julián.
Eran microbios musicales
¡y no tocaban nada mal!

(Poema de *De canciones a cuentos* de Lada Josefa Kratky,
© 1999. Reproducido con permiso de Hampton-Brown.)

Charlas
breves

Hablar es fácil, ¿no es cierto? Sólo tienes que abrir la boca y decir lo que piensas... ¡menos cuando tienes que hablar enfrente de la clase! Eso puede dar miedo. Todos te miran. ¿Qué pasaría si la boca no se te abriera y la lengua se te durmiera? ¡AY!

Practica y aprende

Al principio, a todos nos asusta un poco, pero con la práctica las charlas resultan más fáciles. ¿Quién sabe? Tal vez te gusten y algún día seas un orador famoso. (¿Conoces a algún orador famoso?) En esta sección, aprenderás todo lo que necesitas sobre cómo dar charlas, desde elegir un tema hasta practicar lo que dirás.

1. ELIGE un tema.

Elige un tema que te interese. Aquí tienes algunos ejemplos:

* Algo que te ocurrió:
  Me rompí el brazo.

* Algo que te gusta hacer:
  ¡Me encanta patinar!

* Algo que acabas de leer:
  Acabo de leer un libro sobre ballenas.

Escribe una oración sobre tu tema. Todo lo que menciones en tu charla debe estar relacionado con esa oración.

2. INVESTIGA el tema.

Puedes investigar tu tema tratando de recordar información, leyendo y haciendo preguntas.

Recordar información ● Escribe todo lo que recuerdes y lo que sabes sobre el tema. ¡Seguro que tienes una hoja llena de ideas!

Leer ● Lee material sobre el tema. Pídale a la persona encargada de la biblioteca que te ayude a encontrar libros y revistas que hablen del tema. Toma notas mientras lees.

Hacer preguntas ● Habla con personas que saben algo del tema. Si el tema es patinar, podrías hablar con alguien que vende patines. No tengas miedo de intentar este método. A la gente le gusta hablar de lo que sabe.

3. DETERMINA tu propósito.

Decide cómo o por qué quieres hablar sobre el tema, es decir, tu propósito. ¿Quieres...

* contar los detalles importantes de un suceso?
* ayudar a tus oyentes a aprender algo nuevo?
* hacer que se rían o que se sientan tristes?
* convencerlos de algo?

4. ORGANIZA tu charla.

Organiza todas las ideas que quieres incluir en la charla. Los siguientes consejos te ayudarán a organizar el comienzo, el desarrollo y el final de tu charla.

Para comenzar la charla...

* empieza diciendo algo interesante o emocionante para atraer la atención del público y
* explica el tema.

En el desarrollo de la charla...

* ofrece algunos datos interesantes sobre el tema y
* explica qué piensas.

Para finalizar la charla...

* recuérdales a tus oyentes cuál es el tema y
* repite una idea importante relacionada con él.

5. ESCRIBE la charla.

Para prepararte, escribe tu charla en un papel. Hay dos maneras de hacerlo. Una es escribir las ideas principales en tarjetas. (Mira los ejemplos de esta página.) La otra es escribir la charla palabra por palabra en un papel.

Ejemplos de tarjetas

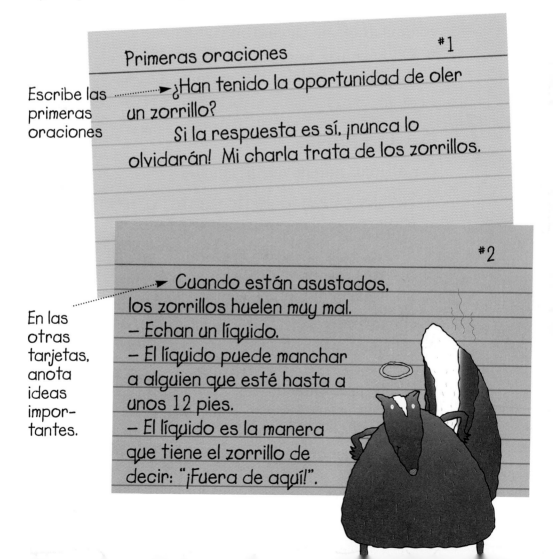

Primeras oraciones   #1

Escribe las ⟶ ¿Han tenido la oportunidad de oler
primeras   un zorrillo?
oraciones   Si la respuesta es sí, ¡nunca lo
             olvidarán! Mi charla trata de los zorrillos.

                                                      #2

En las   ▸ Cuando están asustados,
otras   los zorrillos huelen muy mal.
tarjetas,   – Echan un líquido.
anota   – El líquido puede manchar
ideas   a alguien que esté hasta a
impor-   unos 12 pies.
tantes.   – El líquido es la manera
             que tiene el zorrillo de
             decir: "¡Fuera de aquí!".

6. PRACTICA tu charla.

Si estás usando tarjetas, practica cómo decir lo que anotaste en ellas hasta que te resulte fácil repetirlo. Si has escrito todas las palabras de la charla, practica leyéndola o trata de aprendértela de memoria.

Aquí tienes otros consejos:

* Al practicar, sigue las sugerencias del paso 7.

* Comienza pronto a practicar, por lo menos dos días antes de tu charla.

* Da la charla ante un grupo de amigos o familiares. Pídeles sus opiniones.

7. DA la charla.

Por último, cuando des la charla:

* Habla clara y lentamente, y mantén alta la voz.

* Mira a tus oyentes.
  Si estás leyendo la charla, mira hacia el público con frecuencia.

* Trata de no moverte mucho.
  (¡Está prohibido dar golpecitos con los pies o con los dedos durante las charlas breves!)

M O D E L O de una estudiante

Aquí tienes una charla escrita por Juana Chávez.

Presenta el tema de una manera interesante.

Zorrillos

¿Han olido alguna vez a un zorrillo? Si les ha ocurrido, ¡seguro que nunca lo olvidarán! Mi charla trata de los zorrillos.

Los zorrillos sólo huelen mal cuando están asustados. Echan un líquido maloliente que puede alcanzar a alguien que se encuentre hasta a unos 12 pies de distancia. Ésta es la manera que tiene el zorrillo de decir: "¡Fuera de aquí!". ¡Y sí, funciona muy bien!

Ofrece datos interesantes.

El olor del zorrillo es muy difícil de quitar. Nuestro perro sorprendió a un zorrillo cerca de la casa. Mi mamá tuvo que lavarlo con jugo de tomate. Por alguna razón, el jugo de tomate quita el olor del zorrillo.

Los zorrillos más comunes tienen rayas blancas en el lomo y son más o menos del tamaño de un gato. También hay zorrillos moteados. Los zorrillos moteados son muy pequeños. Sólo pesan aproximadamente una libra. Para echar el líquido, se paran sobre sus patas delanteras.

Repite la idea más importante.

Si ven un zorrillo, recuerden: no se acerquen, porque si lo hacen ¡van a oler mal!

Entrevistas

Gabi Ruiz, un estudiante de tercer grado, y sus compañeros de clase tenían que escribir un informe sobre lo que querían ser. El tío de Gabi es periodista deportivo, y a Gabi ese trabajo le parecía fabuloso. Como pensaba que no tenía suficiente información, decidió llamar a su tío José para pedirle una entrevista.

¿Qué es una entrevista?

En una **entrevista,** una persona hace preguntas y la otra persona las contesta. Es una manera de obtener información. Las respuestas se pueden usar para escribir informes o charlas breves. Este capítulo te preparará para tu primera entrevista.

Antes de la entrevista

Decide lo que quieres aprender de la entrevista.
- Piensa en lo que a tus compañeros les gustaría saber.
- Anota preguntas que te ayudarán a obtener información.
- Usa las palabras *cómo, qué* y *por qué* en tus preguntas. Aprenderás mucho si haces preguntas que comienzan con esas palabras.

Averigua quién sabe mucho del tema que te interesa.
- Llama a esa persona y pídele una entrevista.
- Explica de qué trata tu proyecto.
- Fija una hora y un lugar para la reunión.

Prepara el material.
- Tu lista de preguntas
- Dos o tres lápices
- Un cuaderno
- Una grabadora (si quieres usar una)

Si no puedes reunirte con la persona a la que quieres entrevistar, puedes hacerle tus preguntas por teléfono.

Durante la entrevista

1 **Preséntate y prepárate para la entrevista.**
(Si tienes una grabadora, pide permiso para usarla.)

2 **Haz tus preguntas.**

3 **Escucha bien y toma notas.**
* Pídele a esta persona que deletree su nombre completo.
* Haz otras preguntas que se te ocurran.

4 **Después de que responda a la última pregunta, dale las gracias.**

Después de la entrevista

1 **Lee tus notas.**
Añade cualquier detalle que se te ocurra. Si usaste la grabadora, escucha la cinta.

2 **Comenta lo que aprendiste.**
Escribe un informe u organiza una charla breve sobre la entrevista.

Un ejemplo de entrevista

Las dos preguntas que siguen son las que Gabi le hizo a su tío. Se incluyen las notas que tomó Gabi.

1. ¿Por qué decidiste ser periodista deportivo?
   le encantan los deportes y escribir

2. ¿Cómo llegaste a ser periodista deportivo?
   asistió a la universidad, aprendió a observar los deportes, aprendió muchísimo en el trabajo

MODELO **Informe sobre la entrevista**

Periodista deportivo

Algún día quisiera ser periodista deportivo como mi tío José Coto. Para eso tienen que gustarte los deportes y también escribir.

¡No es fácil ser periodista deportivo! Primero, hay que ir la universidad para estudiar periodismo. También hace falta aprenderse las reglas de todos los deportes.

Después de graduarse, y una vez que se consigue un trabajo, se aprende mucho más. Mi tío dijo: "Es probable que tu primer trabajo sea en el pueblo donde vives. Si eres buen escritor puedes encontrar empleo en una ciudad más grande, y entrevistar a atletas famosos". Eso sí me gustaría.

Cuenta historias

Maya recuerda que su abuela le contaba historias maravillosas. A veces las historias eran graciosas; a veces eran tristes; a veces la asustaban. Pero lo mejor de las historias era la manera en que se las contaba su abuela. Tal vez haya alguien en tu familia que sabe contar historias muy bien. ¡Tú podrías ser esa persona! Para contar bien una historia hacen falta cuatro cosas.

Practica lo más que puedas. Hasta para contar historias es importante la práctica.

Lee muchas historias para que puedas elegir las que más te gustan.

Sigue los consejos de las páginas siguientes.

¡Diviértete!

Elige una historia

Contar cuentos populares, cuentos de hadas y leyendas es muy divertido. Elige una historia que te guste mucho y que puedas contar en unos cinco minutos. Es mejor contar historias que tienen palabras o frases que se repiten, porque esa repetición de palabras despierta y mantiene el interés de los oyentes.

Apréndete la historia

 Lee la historia en voz alta tres o cuatro veces seguidas. Trata de imaginarte lo que está pasando.

 Escribe la primera oración y la última en una tarjeta.

 Después, escribe todos los sucesos principales, poniendo cada suceso en una tarjeta distinta. (Mira los ejemplos de las dos páginas siguientes.)

 En algunas tarjetas, añade algunas cosas interesantes que podrías hacer o decir.

    * Anota las palabras que quieres decir con más énfasis.

    * Añade gestos o sonidos.

 Apréndete de memoria lo que has escrito en las tarjetas. ¡Debes ser capaz de contar la historia sin mirar tus notas!

Tarjetas de ejemplo

En estas dos páginas encontrarás seis tarjetas, las primeras cinco y la última, para la historia "El bagre caminante". (Puedes leer la historia en las páginas 260–261.)

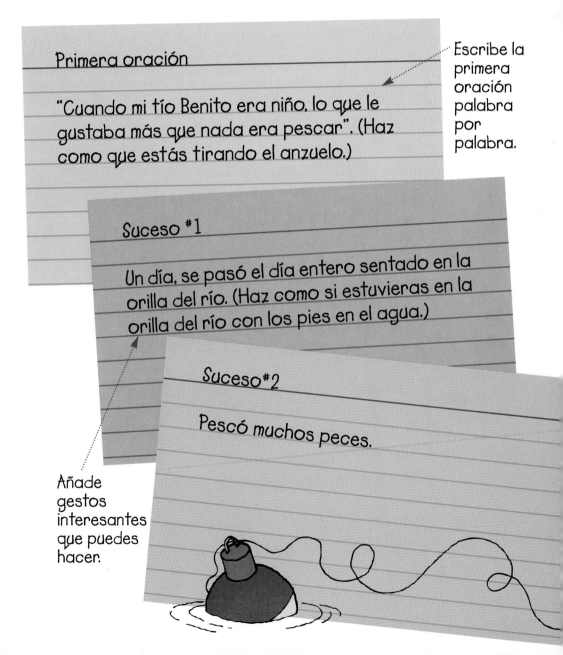

Primera oración

"Cuando mi tío Benito era niño, lo que le gustaba más que nada era pescar". (Haz como que estás tirando el anzuelo.)

Escribe la primera oración palabra por palabra.

Suceso #1

Un día, se pasó el día entero sentado en la orilla del río. (Haz como si estuvieras en la orilla del río con los pies en el agua.)

Añade gestos interesantes que puedes hacer.

Suceso #2

Pescó muchos peces.

Suceso #3

Los ensartó a todos en una cuerda,
pero uno aún respiraba. (Di "Fuuuu,
fuuuu".) ←·········· Añade
cosas
interesantes
que puedes
decir.

Suceso #4

Benito puso el pescado en un cubo y entró
a su casa para cenar. (Haz gestos de
tener hambre.)

La última oración

"Y esto demuestra, amigos, que es difícil
cambiar lo que uno es". ←·········· Escribe la
última
oración
palabra
por
palabra.

PRÓXIMA PARADA
Si te gusta "El bagre caminante",
puedes escribir las tarjetas que faltan y contarle la historia a alguien
que no la conozca.

M O D E L O profesional

EL BAGRE CAMINANTE

Cuando mi tío Benito era niño, lo que le gustaba más que nada era pescar. Le encantaba pasar el día sentado en la orilla del río. Un día de julio parecía que cada vez que lanzaba el anzuelo sentía un jalón y pescaba un gran bagre. Y cada vez lo desprendía con cuidado del anzuelo, tratando de no agarrarlo por las espinas, y lo tiraba a la orilla.

Benito se subió a la orilla y empezó a ensartar los peces en una cuerda. Pero uno de ellos, más resistente que los demás, parecía que no se resignaba a terminar en un plato. Y allí aguantaba, tratando de respirar: "Fuuuu, fuuuu".

Así que Benito lo puso en un cubo de agua y entró a la casa a cenar. A la mañana siguiente, salió y sacó al pez del cubo. Todavía respiraba: "Fuuuu, fuuuu".

Entonces Benito decidió iniciar un pequeño experimento con ese pescado. Lo dejó fuera del cubo por una hora antes de volverlo a meter. Al día siguiente, lo dejó fuera toda la mañana. Al poco tiempo, el bagre se acostumbró a la tierra y no volvió a entrar al agua.

Como Benito no tenía ningún animal en casa, le puso al bagre el nombre de Lalo y le enseñó a ir con él a todas partes. Tendrían que haber visto a Lalo moviéndose torpemente por el polvo y las piedras, resollando: "Fuuuu, fuuuu".

Lalo seguía a Benito a todos lados. Hasta que llegó el mes de septiembre, y Benito tenía que comenzar el tercer grado. Benito salió para la escuela, y detrás de él echó a andar Lalo, moviéndose torpemente.

—¡Vuelve a casa! —gritó Benito—. Un pez no puede ir a la escuela.

Pero Lalo no le hizo caso y lo siguió de todos modos. Benito cruzó el viejo puente de tablas y caminó hasta la escuela. Cuando se dio vuelta, vio que en el puente faltaba una tabla.

Benito miró hacia abajo y allí estaba Lalo, revolcándose en el río como si fuera a ahogarse.

—¡Nada, Lalo! —gritó Benito—. Yo sé que puedes.

Lalo respiró profundamente y se sumergió. ¿Y saben qué? Benito nunca volvió a ver a ese bagre.

Y esto demuestra, amigos, que es difícil cambiar lo que uno es.

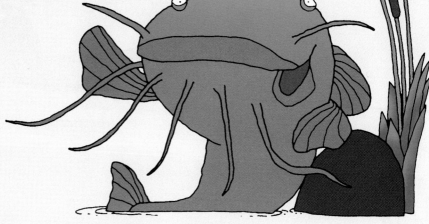

Pensamiento crítico

Cómo organizar información

Sin organizarse es difícil hacer bien las cosas. Los entrenadores no podrían aconsejar a sus equipos, los científicos no podrían hacer descubrimientos, los cocineros no podrían preparar comidas, los estudiantes como tú no podrían hacer su trabajo y los gansos nunca llegarían al sur. (Bueno, ¡es importante!) Organizarse es la clave del éxito.

Reunir y agrupar ideas

¿Necesitas anotar tus observaciones sobre un hecho? No hay problema. Haz una agrupación de ideas. ¿Debes comparar dos cosas? Usa un diagrama de Venn. ¿Tienes que organizar muchos datos? Prepara un esquema.

Las agrupaciones de ideas, los diagramas de Venn y los esquemas se llaman **ayudas gráficas**, y te permiten reunir y agrupar ideas. En este capítulo conocerás éstas y otras ayudas gráficas.

1. Agrupar ideas

¿Cómo puedes anotar observaciones sobre algo? Una manera de hacerlo es escribir una lista de las ideas en cualquier orden. Sin embargo, si quieres organizar mejor la información, lo mejor es **agrupar** tus ideas.

Comienza escribiendo el tema en el centro de la hoja. Después, escribe las palabras relacionadas a su alrededor. Rodea las palabras con círculos y únelos con líneas.

AGRUPAR TUS IDEAS TE PUEDE AYUDAR A ORGANIZAR LOS DATOS PARA PREPARAR INFORMES, CHARLAS Y OTROS PROYECTOS.

2. Describir un tema

¿Cómo puedes reunir detalles para hacer una descripción? Usa una **rueda de detalles**. Escribe tu tema en el centro de la rueda. En los radios, anota las palabras que lo describen.

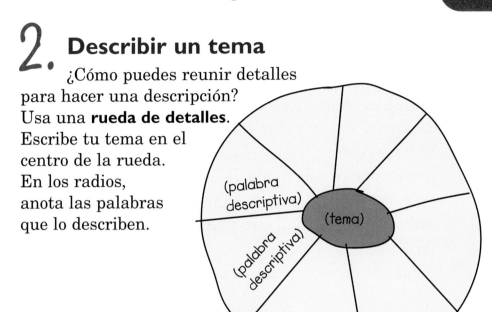

3. Las *Cinco preguntas básicas*

¿Cómo sabes si has reunido todos los detalles sobre un suceso? Trata de responder a las *Cinco preguntas básicas*.

TAMBIÉN TE PUEDE SER ÚTIL RESPONDER A LA PREGUNTA ¿CÓMO? AL USAR ESTA AYUDA GRÁFICA.

4. Comparar dos temas

¿Cómo puedes comparar dos temas relacionados? Usa un **diagrama de Venn**. Este tipo de diagrama te ayuda a ver las semejanzas y diferencias entre dos cosas.

En la sección 1, anota las características que corresponden sólo a uno de los temas.

En la sección 2, anota las características que corresponden sólo al otro tema.

En la sección 3, anota las características comunes a los dos temas.

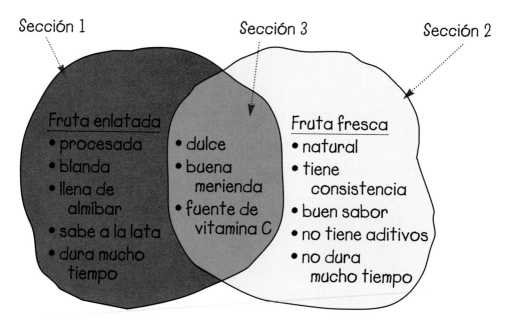

Sección 1   Sección 3   Sección 2

Fruta enlatada
- procesada
- blanda
- llena de almíbar
- sabe a la lata
- dura mucho tiempo

- dulce
- buena merienda
- fuente de vitamina C

Fruta fresca
- natural
- tiene consistencia
- buen sabor
- no tiene aditivos
- no dura mucho tiempo

PARA MOSTRAR EN QUÉ SE PARECEN DOS TEMAS, USA LOS DETALLES DE LA SECCIÓN **3**. PARA MOSTRAR EN QUÉ SE DIFERENCIAN DOS TEMAS, USA LOS DETALLES DE LAS SECCIONES **1** Y **2**.

5. Hacer un esquema

¿Cómo puedes organizar todos los datos que necesitas para escribir una charla o un informe? Haz un **esquema**.

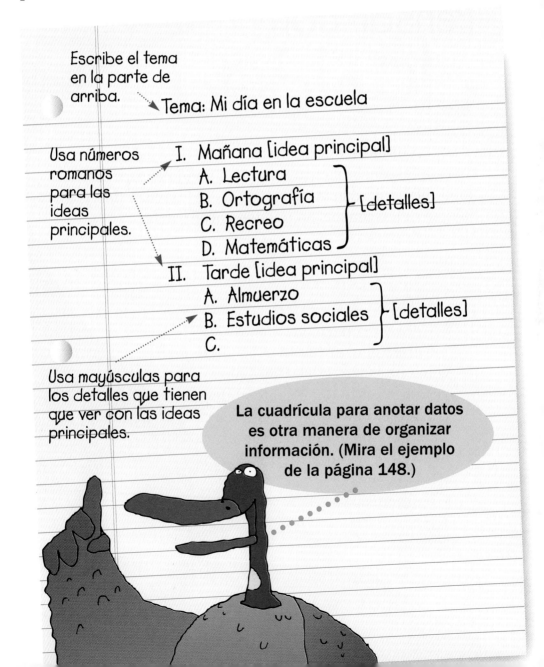

Escribe el tema en la parte de arriba.

Tema: Mi día en la escuela

Usa números romanos para las ideas principales.

I. Mañana [idea principal]
  A. Lectura
  B. Ortografía   ⎫
  C. Recreo   ⎬ [detalles]
  D. Matemáticas ⎭

II. Tarde [idea principal]
  A. Almuerzo   ⎫
  B. Estudios sociales ⎬ [detalles]
  C.   ⎭

Usa mayúsculas para los detalles que tienen que ver con las ideas principales.

La cuadrícula para anotar datos es otra manera de organizar información. (Mira el ejemplo de la página 148.)

Pensar con
claridad

Imagínate que estás en el centro comercial y subes al ascensor con tu mamá. Cuando el ascensor se llena, otras personas se meten entre ustedes dos y, al bajarte del ascensor, no puedes encontrarla.

Piensa

Lo primero que tienes que hacer es pensar. Este capítulo te dirá cómo **pensar con claridad** para resolver problemas como el de perderse en el centro comercial. También aprenderás a tomar decisiones y a distinguir entre hechos y opiniones.

Resolver problemas

Volvamos al centro comercial. Te has perdido y no encuentras a tu mamá. ¿Qué debes hacer?

Identifica el problema.

¡He perdido a mi mamá en un centro comercial grandísimo!

Piensa en todo lo que sabes del problema.

Si echo a andar por el centro comercial nunca la voy a encontrar.

Ésa es la tienda donde a veces compramos galletas.

Mamá siempre me dice: "Si te pierdes, no hables con desconocidos".

Piensa en cómo resolver el problema.

Podría quedarme aquí y esperar a que mamá me encuentre a mí.

Podría gritar, pero si hago eso tendría que hablar con desconocidos.

Podría pedirle ayuda al dependiente de la tienda.

Elige el mejor plan y ponlo en práctica.

Iré a la tienda de galletas.

¿Cómo funcionó ese plan?

El dependiente de la tienda llamó a Seguridad.

¡Anunciaron mi nombre por los altavoces y llegó mamá!

Tomar decisiones

A veces tienes que tomar una decisión y no sabes qué debes hacer. Aquí tienes un modo de pensar con claridad.

1 **Escribe la decisión que tienes que tomar.** *¿Me inscribo al fútbol o a la natación?*

2 **Anota la información.** Escribe también cómo te sientes y las preguntas que tengas.

EL FÚTBOL	LA NATACIÓN
Los entrenamientos son los jueves por la noche.	Las lecciones son los sábados por la mañana.
Los partidos son los sábados por la tarde.	Odio levantarme temprano.
No conozco a nadie.	Mi mejor amiga va a tomar lecciones.
¿Qué nos enseñarán?	¿Qué aprenderé?

3 **Halla las respuestas a tus preguntas.** Pregúntale a alguien que ya haya jugado al fútbol o tomado clases de natación. Añade las respuestas a tu lista.

4 **Toma la decisión.** Pon una ★ al lado de cada cosa buena de tu lista. Tal vez decidas hacer la actividad que tenga más ★. Es posible que una ventaja como, por ejemplo, estar con tu mejor amiga, importe más que todas las demás. ¡Depende de ti!

Distinguir entre hechos y opiniones

¿Sabes la diferencia entre los hechos y las opiniones? Los **hechos** son afirmaciones que se pueden comprobar o verificar. Nos dicen cómo son las cosas. Las **opiniones** son afirmaciones que nos dicen cómo se siente o cómo piensa una persona.

HECHOS

Los perros y los gatos
son animales.

El chocolate se hace
con cacao.

OPINIONES

Me gustan más los perros
que los gatos.

El chocolate sabe
riquísimo.

¡Entérate de todos los hechos!

Supongamos que te llama una amiga y te dice: "Anoche nevó. Deberían cerrar las escuelas".

La primera parte de la llamada es un hecho: "Anoche nevó". Puedes comprobar esa afirmación mirando por la ventana. La segunda parte es solamente su opinión: "Deberían cerrar las escuelas". El hecho es que la escuela está abierta. Tu mamá dijo que ninguna escuela había cerrado.

TENER OPINIONES NO ES MALO. (¡HABRÍA SIDO FANTÁSTICO NO TENER QUE IR A LA ESCUELA!) SIN EMBARGO, ES IMPORTANTE CONOCER TODOS LOS HECHOS ANTES DE TOMAR UNA DECISIÓN.

Limitarse a los hechos

Es importante que te centres en los hechos cuando estás tratando de convencer a alguien. También es importante que analices los hechos cuando alguien trata de convencerte a ti de algo. Aquí tienes cuatro puntos que debes recordar.

Una afirmación no es un hecho simplemente porque la mayoría está de acuerdo con ella.

Un canguro sería un buen animal para la clase porque casi todos los estudiantes quieren un canguro.

No importa cuántas personas estén de acuerdo; esa afirmación sigue siendo una opinión, no un hecho. ¡Un canguro saltaría por las paredes si estuviera encerrado en un salón de clases!

Una afirmación no es un hecho si se basa solamente en una opinión.

Una serpiente de cascabel sería un animal fabuloso para la clase porque las serpientes de cascabel me fascinan.

Esta afirmación se basa en una opinión, y no en ningún hecho real sobre las serpientes de cascabel. La declaración siguiente sí se basa en un hecho real: *Una serpiente de cascabel no sería un buen animal para la clase porque si te muerde puede causarte la muerte.*

Una afirmación no es un hecho si es una verdad a medias.

Si te araña un gato, te enfermarás.

Ésta es una verdad a medias. La mayoría de las veces no te enfermarás si un gato te araña. Pero si el gato está enfermo, podrías enfermarte. Para convertir esta afirmación en un hecho puedes decir: *Si un gato enfermo te araña, tú podrías enfermarte también.*

Una afirmación no es un hecho si hace que algo parezca peor (o mejor) de lo que es.

Cuando una abeja te pica, el dolor es tan fuerte que te vuelves loco.

Esta declaración es una exageración. (A no ser que tengas alergia a las abejas, claro.) Las picaduras de abeja duelen bastante, pero por lo general no causan la locura.

Puede ser difícil que te concentres en los hechos cuando estás tratando de convencer a alguien. Pero trata de no mezclar los hechos con las opiniones.

Aprender
matemáticas
escribiendo

Esta guía habla mucho de la lectura y la escritura, pero las matemáticas también son importantes. Tanto es así que vamos a explicar cómo se puede escribir para entender las matemáticas mejor.

Anótalo

Anota tus pensamientos y preguntas sobre las matemáticas en un diario de estudios. Anota: (1) algo que acabas de aprender; (2) algo que no entiendes.

Estos son dos ejemplos del diario de Juana:

12 de abril   Hoy aprendí algo nuevo sobre la multiplicación. Hay muchas maneras de escribir problemas que tienen el mismo resultado, como 12:

12×1 1×12 2×6 6×2 3×4 4×3

13 de abril   No me puedo aprender la tabla del 9. Siempre me equivoco en 9×6. Pero hoy le enseñé algo nuevo a mi compañero de matemáticas. Usé las fichas para demostrarle que 6×7 vale lo mismo que 7×6. Y él me dio algunas tarjetas para practicar la multiplicación por 9.

Más consejos y estrategias

Primeras impresiones ● Cuando aprendes algo nuevo, escribe lo que estás pensando sobre el tema. Eso te ayudará a determinar lo que te queda por aprender.

Preguntas ● Escribe preguntas sobre el tema. No te preocupes si no tienes las respuestas. Después, pídele a tu maestro o a un compañero que te ayude a encontrar las respuestas.

Palabras clave ● Haz una lista de las palabras importantes, como "dividendo" y "factor", y sus significados.

Explicaciones ● Escribe una o dos oraciones que expliquen algo que acabas de aprender. Eso te ayudará a entenderlo mejor.

Ejemplos ● Cuando estés aprendiendo algo nuevo en matemáticas, escribe algunos problemas de ejemplo.

Dibujos o diagramas ● Haz dibujos para aclarar las ideas. Por ejemplo, si quieres mostrar por qué 3 x 6 es igual a 6 x 3, ¡hazlo con un dibujo!

Destrezas de aprendizaje

Las tareas

Hacer tus tareas diariamente es una buena manera de aprender. Este capítulo te dice cómo preparar un plan para hacer tus tareas y terminarlas a tiempo.

Prepárate

Si tienes que hacer un proyecto largo o varios proyectos cortos, es importante que prepares un plan. De esa manera, tendrás tiempo para completar tus tareas y hacer todas las demás cosas que quieres hacer.

Planifica cómo hacer tus tareas

 Haz todos los días una lista de las tareas que te asignan. (Mira el ejemplo de la parte de arriba de la página siguiente.)

 Asegúrate de que sabes lo que tienes que hacer para cada tarea.

 Asegúrate de que tienes todo lo que necesitas: papel, plumas, lápices, libros, este manual y cualquier otro material.

 Haz tus tareas a la misma hora todos los días.

Si tienes un proyecto grande, trabaja en él un poco cada día. (Mira la parte de abajo de la página siguiente.)

No hagas tus tareas deprisa. ¡Trata de aprender lo más que puedas!

Consejos para hacer la tarea

Escoge un lugar ● Estudia en el mismo lugar todos los días. Elige un lugar tranquilo.

Sigue las instrucciones ● Si te han asignado una tarea de lectura, ¡asegúrate de que lees las páginas correctas!

Empieza por lo más difícil ● Haz el trabajo más difícil al principio, cuando tienes más energía.

Prepara un plan de lectura ● Cuando la tarea incluye una actividad de lectura, usa estrategias de lectura. (Consulta las páginas 200–205.)

Descansa ● Toma un descanso cuando realmente lo necesites. (¡Pero no cada cinco minutos!)

Tabla de tareas diarias

Escribe la información importante para cada tarea.

Tareas para el 15 de enero

Anota las páginas y los números.

| Matemáticas | Hacer los problemas 5-30, pág. 71 |
| | Mostrar los cálculos |

Anota otros detalles.

| Estudios sociales | Completar el mapa del tesoro |
| | Necesito lápices de colores |

| Lectura | Llevar el libro de misterio |
| | Empezar a leer |

Anota el material necesario.

Plan para proyectos grandes

Una tabla te permite convertir un proyecto grande en varias tareas pequeñas. Aquí tienes un plan para escribir un libro alfabético. (Sólo cubre la primera semana.)

lunes	Elegir el tema. Anotar ideas para las primeras 10 letras.
martes	Anotar ideas para las otras letras.
miércoles	Buscar datos sobre las ideas que anoté.
jueves	Empezar el borrador.
viernes	Trabajar en el borrador.

Trabajos en grupo

Hay muchas cosas que se hacen en grupo. (¡Pero tu tarea no es una de ellas!) Hablamos de jugar al fútbol, representar una obra de teatro o hacer algunos proyectos. Todas estas actividades requieren un esfuerzo común.

Trabajar con otros

Algunas veces trabajarás en pareja. Otras actividades requieren un grupo de entre tres y seis personas. Y a veces trabajarás en grupos grandes... con toda la clase o incluso con toda tu escuela. En cualquier caso, ¡es importante que todos los miembros del grupo se lleven bien para completar el proyecto!

Consejos para trabajar en pareja

Intercambien sus ideas ● Hablen sobre lo que van a hacer. ¿Cuál es la tarea? ¿Escribir un poema? ¿Representar una obra de teatro?

Repártanse el trabajo ● Determinen qué hará cada uno. Por ejemplo, si están escribiendo una obra de teatro, cada uno podría escribir el papel de un personaje distinto.

Hagan un plan ● Decidan cuánto trabajo pueden hacer cada día. ¿En qué fecha tienen que entregar el proyecto?

Escúchense mutuamente ● La idea de trabajar juntos se basa en unir el esfuerzo de dos personas. Expresa tus ideas y después, escucha las ideas de tu pareja.

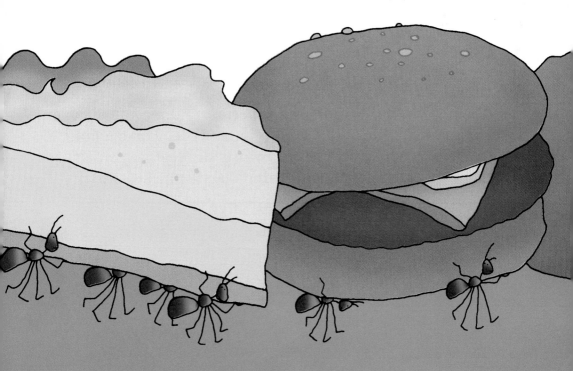

Trabajo en grupos pequeños

El trabajo en grupos pequeños es similar al trabajo en parejas. Todos los miembros del grupo deben entender la tarea, y todos deben tener la oportunidad de hablar y de ser escuchados con atención.

Sin embargo, trabajar en grupos pequeños puede ser más difícil que trabajar en parejas. Hay más personas y puede ser difícil llegar a un acuerdo.

Consejos para trabajar en grupo

Intercambien ideas y anótenlas ● Asignen a alguien que tome notas mientras los miembros del grupo hablan. De ese modo, el grupo tendrá una lista de las ideas de todos.

Hablen por turno ● Por turno, hablen de las distintas ideas. Digan lo que les gusta sobre una idea y lo que no les gusta. Estar en desacuerdo no es un problema si nos expresamos con cortesía:

> Esta idea me parece muy bien, pero no creo que tengamos tiempo para ponerla en práctica.

Hagan un plan ● Combinen aspectos de distintas ideas en un plan en el que todos estén de acuerdo. Por ejemplo, si Fernando quiere escribir una obra de teatro y Mariana desea escribir una canción, traten de complacer a los dos:

> Vamos a escribir una obra de teatro que incluya una canción.

Preparar un plan

Cualquier proyecto en grupo requiere un plan. Los miembros del grupo deben hacerse estas preguntas:

* ¿Qué queremos hacer en nuestro proyecto?
* ¿En qué fecha lo tenemos que entregar?
* ¿Qué hace falta para completar el proyecto?
* ¿De qué se encargará cada miembro del grupo?

Usa un esquema como el que sigue para ayudar a tu grupo a preparar el plan. Asegúrate de que todos están de acuerdo con el plan.

Plan del grupo

A. Nuestro proyecto es (¿Escribir una obra de teatro? ¿Investigar un tema?)

B. Fecha de entrega:

C. ¿Qué debemos hacer?
 1.
 2.
 3.

D. Trabajos para cada miembro del grupo:
 Nombre
 Trabajo

 Nombre
 Trabajo

 Nombre
 Trabajo

Los exámenes

Es posible que no te guste tomar exámenes, pero probablemente tampoco te gusta comer espinacas o ir al dentista. Vamos a olvidarnos por un momento de lo que no te gusta. ¡Seamos más positivos! Los exámenes son una parte importante de la vida escolar. Muestran cuánto has aprendido de un tema y las áreas que necesitas mejorar.

Prepárate

Los exámenes no son un problema si haces tus tareas a tiempo. También es importante prepararse. En este capítulo aprenderás a prepararte para un examen y a tomar tipos distintos de exámenes.

Cinco buenos consejos

¡Escucha!

Cuando tu maestro empiece a hablar sobre un examen pendiente, no le hagas caso a tu estómago que te dice que tienes hambre. Escucha todo lo que dice y sabrás en qué consiste el examen y cuándo se dará.

Reúne todos tus materiales.

Mete en tu mochila todo lo necesario, incluyendo tu libro de texto y todos los materiales de estudio.

Haz un plan de estudio.

Si el examen es dentro de dos días, estudia un poco cada noche. ¡No esperes hasta el último momento!

Repasa todo.

Comienza con tu libro de texto. Repasa el capítulo página por página. Estudia los encabezamientos del capítulo y las palabras en letras negritas. Fíjate también en las preguntas de repaso al final de cada capítulo. Después, estudia los materiales que se entregaron en clase, y las tareas. (Consulta la página 291 para encontrar más ideas.)

Busca a un compañero con quien estudiar.

Primero, pídele a alguien de tu familia que estudie contigo. Si se lo pides a uno de tus amigos, asegúrate de que realmente quiere estudiar.

Tipos de exámenes

Hay muchos tipos diferentes de exámenes. En esta lista se dan los cinco más comunes. (En las cinco páginas siguientes verás más información sobre cada tipo.)

Verdadero/Falso

Emparejamiento (Respuestas correspondientes)

Opciones múltiples

Espacios en blanco

Respuestas breves

Verdadero/falso

En un examen de tipo **verdadero/falso**, te dan una lista de oraciones. Después de leer cada una, tienes que decidir si lo que dice es cierto (verdadero) o no.

* Si cualquier parte es falsa, la oración es falsa. Si todas las partes son verdaderas, la oración es verdadera.

* Busca palabras como *siempre, nunca, todo,* o *ninguno*. Pocas cosas son siempre verdaderas o no lo son nunca.

Instrucciones: Lee las oraciones con atención. Después, escribe una V si la oración es verdadera y una F si es falsa.

_____ 1. Nueva York es la ciudad más grande de Estados Unidos.

_____ 2. Todas las ciudades grandes están en la costa.

Respuestas:

1. V

2. F – "Todas" es la palabra que hace que la oración sea falsa.

Emparejamiento
(Respuestas correspondientes)

En un examen de este tipo, te dan dos listas de palabras o frases. Tienes que encontrar qué palabra o frase de una lista corresponde a cada palabra o frase de la otra.

✳ Antes de escoger, lee todas las opciones de las dos listas.

✳ Haz una marca al lado de cada respuesta que usas. Así te será más fácil ver las respuestas que quedan.

Instrucciones: Escribe al lado de cada término la letra de la definición que le corresponde.

_____ centro   **a.** área poblada cerca de una ciudad

_____ zona industrial   **b.** área comercial de una ciudad

_____ suburbio   **c.** área con fábricas y almacenes

Respuestas:

centro (b)
zona industrial (c)
suburbio (a)

Opciones múltiples

En un examen de **opciones múltiples**, verás distintas oraciones o preguntas con cuatro o cinco opciones debajo. Tienes que elegir la mejor opción para completar la oración o responder a la pregunta.

* Lee cada declaración o pregunta con atención. Busca palabras como *no, nunca* o *a excepción de,* que pueden cambiar el significado de la oración.

* Analiza todas las opciones. Después, elige la que te parece mejor.

Instrucciones: Lee cada afirmación atentamente. Después, elige la letra que mejor la completa.

1. La gente se muda a las ciudades por muchas razones, pero no se muda buscando
   (a) empleo   (b) actividades culturales   (c) tranquilidad

2. El gobierno municipal proporciona todos estos servicios, a excepción de
   (a) protección policial   (b) supermercados
   (c) reparación de las calles   (d) parques municipales

Respuestas:

1. (c) La gente no se muda a las cuidades buscando tranquilidad.

2. (b) Un gobierno municipal proporciona todas las opciones, a excepción de los supermercados.

Espacios en blanco

En un examen de **espacios en blanco**, verás una lista de oraciones que tienes que completar. No se te dan las opciones, sino que tienes que saber qué palabras faltan en los espacios en blanco.

✳ Para saber cuántas palabras debes incluir en la respuesta, cuenta el número de espacios en blanco.

✳ Pregúntate qué información hace falta para completar la oración. Comprueba si la oración necesita una palabra que te dice *¿quién?, ¿qué?, ¿dónde?* o *¿cuándo?*

Instrucciones: Lee las oraciones con atención. Después, completa cada oración escribiendo en los espacios en blanco.

1. En los Estados Unidos, la mayoría de la gente vive en áreas _____.

2. _____ y _____ son los dos medios de transporte público más utilizados en una ciudad grande.

Respuestas:

1. urbanas
2. Autobuses y trenes

Respuestas breves

En un examen de **respuestas breves**, tienes que escribir una oración o un párrafo para responder a cada pregunta. Aquí tienes algunos ejemplos de lo que te pueden pedir que hagas:

Definir lo que significa algo.

Describir algo.

Explicar cómo funciona algo o lo que hace.

Escribir datos sobre algo.

Ejemplo: Describe cómo es la tundra. (También podría aparecer en forma de pregunta: ¿Qué es la tundra?)

Consejos para escribir tus respuestas

Lee atentamente la oración o la pregunta. Busca una palabra clave como *describe.* Si no entiendes la pregunta, pide ayuda.

Prepara tu respuesta. Haz una lista de ideas.

- tierra llana
- musgo y arbustos/no hay árboles
- suelo congelado
- región ártica

Escribe tu respuesta. Tu primera oración debe mencionar el tema sobre el que estás escribiendo.

La tundra es un área grande de tierra llana en el Ártico. No hay árboles, sólo musgo y arbustos. Eso se debe a que la capa que está bajo el suelo está siempre congelada. Las plantas de raíces profundas no pueden crecer.

RECORDAR para un examen

Usa trucos para recordar ● Aquí tienes un buen truco:

> Imagina que tienes que recordar los nombres de los cinco Grandes Lagos. Si pones estos nombres en cierto orden, las primeras letras deletrean una palabra.
>
> Hurón, Erie, Michigan, Ontario, Superior forman la palabra HEMOS.
>
> HEMOS te ayudará a recordar los nombres de los Grandes Lagos para el examen.

Haz un mapa de ideas ● Un mapa de ideas te ayudará a organizar información.

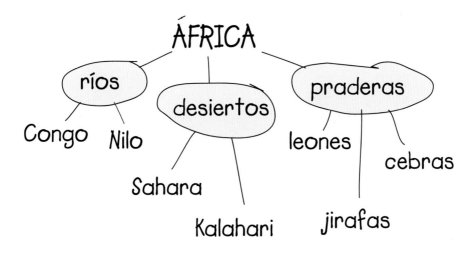

Usa tarjetas ● Escribe un dato en cada tarjeta. Lleva las tarjetas en la bolsa o en el bosillo y lee una cada vez que tengas la oportunidad.

4

La
guía
del corrector

Guía del corrector

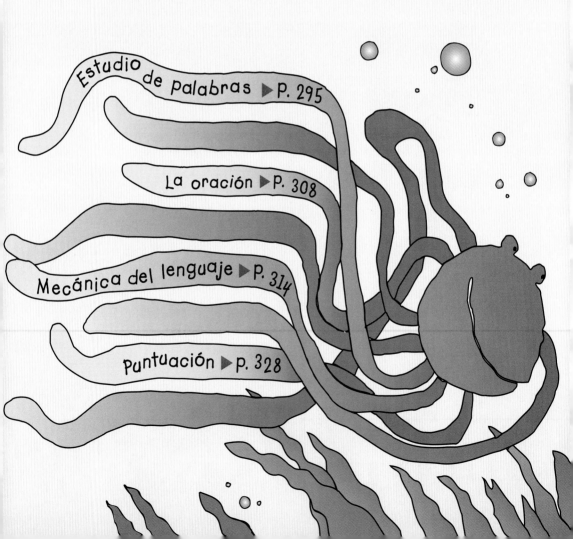

Estudio de palabras ▶ P. 295

La oración ▶ P. 308

Mecánica del lenguaje ▶ P. 314

Puntuación ▶ p. 328

Estudio de
palabras

Todas las palabras de nuestra lengua se pueden clasificar en las nueve **partes de la oración**. En esta sección también encontrarás algunas reglas para usar los distintos tipos de palabras.

Partes de la oración

El nombre	▶	**296**
El artículo	▶	**297**
El pronombre	▶	**298**
El verbo	▶	**299**
El adjetivo	▶	**304**
El adverbio	▶	**305**
La preposición	▶	**306**
La conjunción	▶	**307**
La interjección	▶	**307**

El nombre

Un **nombre** se refiere a una persona, un lugar o una cosa.

niño   Los Ángeles   carrera   felicidad

Tipos de nombres

Nombres comunes y nombres propios

Un **nombre común** se refiere a cualquier persona, lugar o cosa. Un **nombre propio** se refiere a una persona, lugar o cosa en particular.

Nombres comunes	Nombres propios	
niña	Ana	Los nombres propios se escriben con mayúscula.
edificio	Casa Blanca	
equipo	Toros Neza	

Nombres femeninos y masculinos

Un nombre puede ser **masculino** o **femenino**. Cuando un nombre acaba en *a* suele ser femenino. Cuando un nombre acaba en *o* suele ser masculino.

Nombres femeninos
casa gata película

Nombres masculinos
camino pelo gato

Sin embargo, hay muchos casos en que esa regla no se cumple.

la mano   la moto   el día   el mapa

(Consulta la página siguiente para ver otros casos especiales.)

Nombres en singular y plural

Un nombre puede estar en **singular** (si se refiere a una cosa sola) o en **plural** (si se refiere a varias). Para saber cómo se forman los plurales, puedes consultar la página 321.

El artículo

El artículo es una palabra que se coloca delante del nombre.

la niña   un perro   los abrigos   unas personas

Tipos de artículos

Artículos determinados

Los **artículos determinados** son *el, la, lo, los, las*.

La amiga de mi hermana.
Los autos rojos.

Artículos indeterminados

Los **artículos indeterminados** son *un, una, unos, unas*.

Una amiga de mi hermana.
Unos autos rojos.

Concordancia

El artículo concuerda con el nombre en género (femenino o masculino) y número (singular o plural).

el gato   unas tijeras

Las palabras femeninas que empiezan con *a* que se lee acentuada (aunque no lleve acento escrito) llevan en singular el artículo *el* o *un*. Pero si escribes un adjetivo con esas palabras, recuerda que son femeninas.

el águila   un águila blanca
el agua   un agua fresca

El pronombre

Un **pronombre** es una palabra que sustituye a un nombre.

> Carlos dijo que venía a comer y *él* nunca llega tarde.
> (El pronombre *él* sustituye al nombre *Carlos*.)
>
> Perdí la carta, pero ya *la* he encontrado.
> (El pronombre *la* sustituye al nombre *carta*.)

Como puedes ver, el pronombre siempre concuerda en género y número con la palabra a la que se refiere.

Pronombres personales

Singular	Plural
yo, me, mí	nosotros/as, nos
tú, usted, te, ti	ustedes, los, las, les
	vosotros/as, os
él, ella, ello, le, lo, la	ellos/as, los, las, les

Pronombres posesivos

Un **pronombre posesivo** indica que alguien es dueño de algo.

> La pizza es *tuya*. La *mía* tiene mucho queso.
> Estas servilletas son las *nuestras*.

Oferta especial
Pizza:
—la grande $5
—la pequeña $3

El verbo

Un **verbo** expresa una acción, un sentimiento, un deseo o una opinión.

El mono salta de rama en rama.
Estoy muy contento.

Tipos de verbos

Verbos transitivos

Un verbo **transitivo** es el que necesita ir seguido por la persona o cosa que recibe la acción, es decir, por un complemento directo. (Consulta la sección sobre complementos en las páginas 311–312.)

Tomás compró un libro.

Verbos intransitivos

Un verbo **intransitivo** es el que no necesita un complemento directo porque no hay nada que reciba la acción del verbo. (Consulta la sección sobre complementos en las páginas 311–312.)

Tomás vino.

Verbos reflexivos

Un verbo es **reflexivo** cuando se usa junto a uno de estos pronombres: *me, te, se, nos* u *os*. En este caso, la acción del verbo la recibe el sujeto mismo.

Me siento siempre en el mismo lugar.
Nos abrigamos bien para salir.

El tiempo de los verbos

El **tiempo** de un verbo indica cuándo ocurre la acción. Esto se sabe por su terminación (cantó, cantará) o por el verbo auxiliar que lo acompaña (ha cantado, hubo cantado).

Presente

El **presente** significa que la acción ocurre ahora o que es algo habitual.

> Lucía juega en nuestro equipo de fútbol.
> Los entrenamientos nos ayudan a jugar mejor.

Pasado

El **pasado** significa que la acción ocurrió antes o en el pasado.

> El año pasado, Lucía jugaba de portera.
> Ayer vimos a Juan anotar tres goles.

Futuro

El **futuro** significa que la acción ocurrirá en un futuro próximo o más lejano.

> Mañana, Lucía jugará de delantera.
> Veremos un video de fútbol para estudiar las jugadas.

ÉSTAS SON OTRAS MANERAS DE INDICAR EL TIEMPO:
- JUAN HA JUGADO AL FÚTBOL DURANTE TRES AÑOS.
- NUESTRO ENTRENADOR ESTÁ PLANEANDO UN TORNEO.
- EL CAMPO DE FÚTBOL HABÍA SIDO UN PRADO DE VACAS.

Formas verbales

Las conjugaciones

Los verbos se clasifican en tres **conjugaciones**. Todos los verbos regulares de una misma conjugación tienen las mismas terminaciones para indicar la persona, el tiempo y el modo. En las páginas 302–303 puedes ver el cuadro de conjugaciones.

- 1ra conjugación: verbos con infinitivos acabados en -*ar*
  bailar   cantar   estudiar
- 2da conjugación: verbos con infinitivos acabados en -*er*
  ceder   comer   temer
- 3ra conjugación: verbos con infinitivos acabados en -*ir*
  subir   sufrir   vivir

Verbos regulares

Muchos verbos son **regulares**. Eso quiere decir que forman los tiempos siguiendo siempre el modelo de su conjugación.

Yo bailo.	Ayer bailé.	Mañana bailaré.
Yo cedo.	Ayer cedí.	Mañana cederé.
Yo subo.	Ayer subí.	Mañana subiré.

Verbos irregulares

Un verbo es **irregular** si alguna de sus formas no se conjuga según el modelo. En este cuadro se dan algunos ejemplos.

Verbo	Algunas formas irregulares
andar	anduve, anduviste
caber	quepo, cupe, cabremos
dar	doy, di, diste, dieron
estar	estuve, estuviste, estuvo
hacer	hago, hice, hizo, hicimos
jugar	juego, juegan
oler	huelo, hueles, huelen

Las conjugaciones

1ra conjugación

Modelo: AMAR

	PRESENTE	PRETÉRITO IMPERFECTO
yo	amo	amaba
tú	amas	amabas
él/ella	ama	amaba
nosotros	amamos	amábamos
vosotros	amáis	amabais
ellos (ustedes)	aman	amaban

2da conjugación

Modelo: COMER

	PRESENTE	PRETÉRITO IMPERFECTO
yo	como	comía
tú	comes	comías
él/ella	come	comía
nosotros	comemos	comíamos
vosotros	coméis	comíais
ellos (ustedes)	comen	comían

3ra conjugación

Modelo: VIVIR

	PRESENTE	PRETÉRITO IMPERFECTO
yo	vivo	vivía
tú	vives	vivías
él/ella	vive	vivía
nosotros	vivimos	vivíamos
vosotros	vivís	vivíais
ellos (ustedes)	viven	vivían

PRETÉRITO INDEFINIDO	FUTURO	PRETÉRITO PERFECTO
amé	amaré	he amado
amaste	amarás	has amado
amó	amará	ha amado
amamos	amaremos	hemos amado
amasteis	amaréis	habéis amado
amaron	amarán	han amado

PRETÉRITO INDEFINIDO	FUTURO	PRETÉRITO PERFECTO
comí	comeré	he comido
comiste	comerás	has comido
comió	comerá	ha comido
comimos	comeremos	hemos comido
comisteis	comeréis	habéis comido
comieron	comerán	han comido

PRETÉRITO INDEFINIDO	FUTURO	PRETÉRITO PERFECTO
viví	viviré	he vivido
viviste	vivirás	has vivido
vivió	vivirá	ha vivido
vivimos	viviremos	hemos vivido
vivisteis	viviréis	habéis vivido
vivieron	vivirán	han vivido

El adjetivo

El **adjetivo** es una palabra que acompaña a un nombre o a un pronombre y lo describe.

Me gusta la simpática cara de los perros pequineses.
(El adjetivo puede colocarse antes o después del nombre.)

El pelo de mi perro pastor alemán es rizado.
(A veces el adjetivo va después de un verbo como *ser* o *estar*.)

Tipos de adjetivos

Adjetivos calificativos

Los adjetivos calificativos dicen una cualidad del nombre.

Los perros pequeños suelen tener las orejas cortas.

Las nubes negras traerán lluvia abundante.

Adjetivos demostrativos

Los adjetivos demostrativos ayudan a especificar de qué nombre se habla.

Este amigo es el que fue conmigo a la playa.

Aquellas mesas están vacías.

Pregúntale a esa mujer si sabe qué hora es.

Adjetivos posesivos

Los adjetivos posesivos indican de quién es algo.

No olvides tu cuaderno.

Nuestro salón de clases está a la izquierda.

¿Conoces a mi papá?

El adverbio

Un **adverbio** es una palabra que describe a un verbo o a un adjetivo, o dice cómo se hace una acción.

La temperatura del desierto sube rápidamente.

La arena se pone muy caliente.

Tipos de adverbios

Adverbios de tiempo *(cuándo)*

Algunos adverbios dicen cuándo sucede algo.

Un grupo de científicos exploró el desierto ayer.

Después caminaremos por las dunas.

Adverbios de lugar *(dónde)*

Algunos adverbios dicen dónde ocurre algo.

Había otros exploradores trabajando cerca.

Fuera hacía un calor sofocante.

Adverbios de modo *(cómo)*

Otros adverbios describen cómo se hace algo. Muchos adverbios de modo terminan en *-mente*.

La víbora del desierto se movía silenciosamente.

El sol brillaba intensamente.

La preposición

Una **preposición** es una palabra que explica qué relación hay entre dos partes de la oración.

> Tomás dormía bajo la cobija. *(Bajo es una preposición.)*

> Luis se durmió en la silla. *(En es una preposición.)*

Contracciones de las preposiciones *a* y *de*

Cuando la preposición *a* aparece antes del artículo *el*, se forma la contracción *al.* Cuando la preposición *de* aparece antes del artículo *el*, se forma la contracción *del.*

> Venimos del cine. (Venimos [de el] cine.)

> Díselo al siguiente. (Díselo [a el] siguiente.)

Algunas preposiciones

a	hasta
ante	mediante
bajo	para
con	por
contra	según
de	sin
desde	sobre
en	tras
entre	
hacia	

La conjunción

Una **conjunción** une dos oraciones o dos partes de una oración.

> Desayunamos temprano, pero de todas formas perdimos el autobús.
>
> *(Pero une dos oraciones.)*
>
> Maya escribió un poema y cantó una canción.
>
> *(Y une dos verbos.)*
>
> Podríamos usar patines o bicicletas.
>
> *(O une dos palabras de una oración.)*

Conjunciones más comunes

Algunas de las conjunciones más comunes son *y, e, que, ni, o, pero, porque, como, si, pues, aunque.*

> Quería ir al cine pero no pude ir porque era tarde.

FÍJATE EN QUE *E* SUSTITUYE A *Y* CUANDO LA PALABRA QUE LE SIGUE EMPIEZA POR *I* O *HI*: "EL LIBRO ME PARECIÓ DIVERTIDO E INTERESANTE". TAMBIÉN, *U* SUSTITUYE A *O* CUANDO LA PALABRA QUE LE SIGUE EMPIEZA POR *O* O POR *HO*: "MINUTOS *U* HORAS: DA LO MISMO".

La interjección

Una **interjección** es una palabra o frase que expresa emoción o sorpresa. A menudo aparece entre dos signos de exclamación.

> ¡Ay, qué susto!   ¡Eh! ¡Pero qué hace!

La oración

Cosas que hay que saber sobre las oraciones

1. Una oración es un pensamiento completo.

2. Una oración tiene dos partes básicas: el sujeto y el predicado (verbo).

3. Una oración expresa una afirmación, una pregunta, una orden o una emoción.

4. Una oración comienza con mayúscula. Puede terminar con un punto o aparecer entre signos de interrogación o de exclamación.

5. En las tres páginas siguientes y en las páginas 69–73 encontrarás más información sobre las oraciones.

Guía de oraciones

Partes de una oración ▶ **309**

Tipos de oraciones ▶ **313**

Clasificación de las oraciones ▶ **313**

Partes de una oración

El sujeto

El **sujeto** es la persona, el animal o la cosa que realiza una acción.

El globo enorme estaba lleno de agua.
(**El globo enorme** es el sujeto.)

Mi hermana mayor lanzó el globo.
(**Mi hermana mayor** es el sujeto.)

Mi mejor amigo atrapó el globo.
(**Mi mejor amigo** es el sujeto.)

El núcleo del sujeto

El **núcleo del sujeto** (su parte más importante) es el nombre.

El globo enorme estaba lleno de agua.
(**Globo** es el núcleo del sujeto.)

Mi hermana mayor lanzó el globo.
(**Hermana** es el núcleo del sujeto.)

Mi mejor amigo atrapó el globo.
(**Amigo** es el núcleo del sujeto.)

Sujeto compuesto

Un **sujeto compuesto** está formado por dos o más sujetos simples unidos por *o, y* o *ni*.

Mi hermana mayor y mi mejor amigo se ríen.
(**Mi hermana mayor** y **mi mejor amigo** forman el sujeto compuesto.)

El predicado

El **predicado** dice lo que hace el sujeto, o lo describe.

> Mi perro Sultán corre muy rápido.
> (**Corre muy rápido** es el predicado.)

> Mi perro Sultán es muy lanudo.
> (**Es muy lanudo** es el predicado.)

El núcleo del predicado

El **núcleo del predicado** (su palabra más importante) es el verbo.

> Mi perro Sultán corre muy rápido.
> (**Corre** es el núcleo del predicado.)

> Mi perro Sultán es muy lanudo.
> (**Es** es el núcleo del predicado.)

Predicado compuesto

Un **predicado compuesto** tiene dos o más predicados simples unidos por *o, y* o *ni.*

> Sultán corre muy rápido y ladra mucho.
> (**Corre muy rápido** y **ladra mucho** forman el predicado compuesto.)

Los complementos

Los complementos acompañan al núcleo del predicado (el verbo) para añadir información.

El complemento directo

El complemento directo es lo que recibe directamente la acción del verbo.

Yo (sujeto) compro (núcleo del predicado) un libro (complemento directo).

Para saber cuál es el complemento directo de una oración, hazte la pregunta *¿Qué...?* Por ejemplo, en la oración anterior, te preguntarías: *¿Qué compro?* La respuesta (un libro) es el complemento directo.

Si el complemento directo es un nombre de persona o animal, se usa la preposición *a*.

Ayer vi a Berta en la biblioteca.

Para saber cuál es el complemento directo en estos casos, hay que poner la oración en forma pasiva. El complemento directo es la palabra que se convierte en sujeto.

Ayer Berta fue vista por mí en la biblioteca.

El complemento indirecto

El complemento indirecto es lo que recibe indirectamente la acción del verbo.

Yo (sujeto) compro (predicado) un libro (complemento directo) para Pedro (complemento indirecto).

Para saber cuál es el complemento indirecto de una oración, primero halla el complemento directo. Luego hazte las preguntas *¿A quién...? ¿A qué...? ¿Para quién...?* o *¿Para qué?* Por ejemplo, en la oración anterior, te preguntarías: *¿Para quién compro el libro?* La respuesta (para Pedro) es el complemento indirecto.

Uso del pronombre como complemento

Cuando un pronombre actúa como complemento directo, se usa *la, las, lo* o *los.*

Yo compro un libro. ----------► Yo lo compro.
Yo compro unos libros. -------►Yo los compro.

Cuando un pronombre actúa como complemento indirecto, se usa *le* o *les.*

Compro un libro para Pedro.

Le compro un libro.

Compro un libro para Pedro y Ana.

Les compro un libro.

Tipos de oraciones

Simple ● Una oración simple expresa un solo pensamiento, pero puede tener un sujeto compuesto o un predicado compuesto.

Mi hermano juega. (Una oración simple.)

Mi primo y mi hermano juegan.
(Una oración simple con sujeto compuesto.)

Mi perro ladraba y corría.
(Una oración simple con predicado compuesto.)

Compuesta ● Una oración compuesta está formada por dos oraciones unidas por una conjunción como *o, y* o *pero*.

Nos fuimos de vacaciones y nos llevamos el perro.

Clasificación de las oraciones

Enunciativas ● Una oración enunciativa hace una declaración.

La capital de Perú es Lima.

Interrogativas ● Una oración interrogativa hace una pregunta.

¿Sabías que la capital de Veracruz es Jalapa?

Imperativas ● Una oración imperativa da una orden.

Escribe la capital de Guatemala en el pizarrón.

Exclamativas ● Una oración exclamativa expresa una fuerte emoción o sorpresa.

¡Nueva York no es la capital de Estados Unidos!

La mecánica del lenguaje

Tú ya sabes que la primera palabra de una oración debe ir en mayúscula. También sabes que los nombres propios, como Alberto y México, se escriben con mayúscula. Pero, ¿qué otras palabras van con mayúscula? Si lees las páginas que siguen lo sabrás. Es fácil poner mayúsculas si sabes dónde buscar la información que necesitas.

Este capítulo también te ayudará a escribir los plurales de los nombres, a usar los números y las abreviaturas correctamente y a saber dónde tienes que poner los acentos. Es decir, esta sección se ocupa de la **mecánica del lenguaje**. La información de estas páginas hará que todo marche bien cuando escribas.

Herramientas del lenguaje

Mayúsculas ▶ 315
Acentos ▶ 318
Diéresis ▶ 320
Plurales ▶ 321
Números ▶ 322
Concordancia ▶ 323
Abreviaturas ▶ 324

Mayúsculas

Nombres propios

● Escribe con mayúscula todos los nombres propios y los sobrenombres de personas y lugares.

Pedro Martínez (nombre propio de persona)

Bogotá (nombre propio de lugar)

Bolívar, el Libertador (sobrenombre de persona)

Nueva York, la Gran Manzana (sobrenombre de lugar)

Abreviaturas de tratamiento

● Escribe con mayúscula la primera letra de las abreviaturas de tratamiento.

Sra.   (señora)   Sr.   (señor)

Dra.   (doctora)   Dr.   (doctor)

Abreviaturas de organizaciones

● Escribe con mayúscula las abreviaturas de las organizaciones.

ONU   (Organización de las Naciones Unidas)

NBA   (National Basketball Association)

Mayúsculas

La primera palabra de una oración

● Escribe con mayúscula la primera letra de la palabra inicial de cada oración.

Ayer fui al cine con Gilberto. Cuando salíamos, empezó a llover.

LAS FORMAS MAYÚSCULAS DE ll Y ch SON Ll Y Ch.

Títulos

● Escribe con mayúscula la primera letra de un título cuando se trate de libros, películas, obras de teatro o canciones.

Cien años de soledad (libro)   "Los pollitos" (canción)

La bella y la bestia (película)

● Los títulos de los periódicos y las revistas llevan la primera letra de todas las palabras importantes con mayúscula.

El Universal   Hogar y Moda

La primera palabra de una cita

● Escribe con mayúscula la primera palabra de una cita (la repetición de las palabras que alguien dijo).

La Sra. Lucas dijo: "Mañana traigan los ejercicios terminados".

RECUERDA QUE UNA CITA DEBE IR ENTRE COMILLAS.

Fiestas y días especiales

● Escribe con mayúscula las fiestas y los días especiales.

Día del Trabajo   Día de la Raza   Navidad

Nombres geográficos

Planetas y cuerpos celestes...................**Tierra, Marte, Vía Láctea**

Continentes.........................**Europa, Asia, África, América del Sur**

Países..**Canadá, México, Estados Unidos**

Estados y provincias ....**Utah, Ohio, Yucatán, Chihuahua**

Ciudades ....**Lima, Nueva York**

Parques ....**Parque Nacional Yellowstone**

Calles y avenidas ....**Calle del Pino, Quinta Avenida**

Edificios... **Torre Sears, Casa Blanca**

Mayúscula	Minúscula
El Sol es una estrella.	Hace mucho sol.
La Tierra es un planeta.	Tengo tierra en el zapato.
La Luna es un satélite.	La luna brilla entre las nubes.
Sur (región del país)	sur (dirección)

LOS NOMBRES PROPIOS DE ACCIDENTES GEOGRÁFICOS SE ESCRIBEN CON MAYÚSCULA:

lago Titicaca   mar Caribe

río Orinoco   monte Everest

FÍJATE EN QUE EL NOMBRE GENÉRICO (LAGO, RÍO, MAR, MONTE) QUE VA DELANTE DEL NOMBRE PROPIO SE ESCRIBE CON MINÚSCULA.

Acentos

Un **acento** es un símbolo que ponemos sobre algunas palabras para mostrar cómo se pronuncian. Algunas palabras llevan acento y otras no; por eso, es importante conocer cuándo es necesario escribirlo.

Clases de palabras

No todas las palabras se pronuncian igual.

● Llamamos *agudas* a las palabras en las que pronunciamos con más fuerza la última sílaba:

comer televisor estudió

● Llamamos *llanas* o *graves* a las palabras en las que pronunciamos con más fuerza la penúltima sílaba:

ola manzana fácil

● Llamamos *esdrújulas* a las palabras en las que pronunciamos con más fuerza la antepenúltima sílaba:

árboles máquina teléfono

Palabras que llevan acento

Te estarás preguntando qué tienen que ver todas estas clases de palabras con los acentos. Muy fácil. Llevan acento:

● Todas las palabras agudas que terminan en vocal, en *n* o en *s*.

● Todas las palabras llanas o graves que no terminan en vocal, en *n* o en *s*.

● Todas las palabras esdrújulas.

PARA SABER SI **DEBES** ESCRIBIR EL ACENTO, DETERMINA QUÉ SÍLABA SE PRONUNCIA CON MÁS FUERZA. LUEGO, FÍJATE EN QUÉ LETRA TERMINA LA PALABRA Y SIGUE LA REGLA ANTERIOR.

Excepciones

Como sabes, el problema con casi todas las reglas es que tienen excepciones, o casos en que no se cumplen. Lamentablemente, con los acentos ocurre lo mismo. Éstas son las excepciones más importantes a las reglas de acentuación de la página anterior.

● Las palabras que sólo tienen una sílaba no se acentúan.

   fue   dio

● Se usa el acento para distinguir entre dos palabras iguales con distintas funciones dentro de la oración.

   dé (tiempo del verbo "dar")   de (preposición)
   Necesito que Luisa me dé su número de teléfono.

   sí (adverbio)   si (conjunción)
   Felipe me dijo que sí cuando le pregunté si iba a venir.

   mí (pronombre)   mi (adjetivo)
   A mí me gusta mucho jugar con mi tren eléctrico.

   él (pronombre)   el (artículo)
   Él me dijo que el avión llegaría con retraso.

● Cuando se añade el sufijo -*mente*, la acentuación de la palabra no cambia.

   inteligentemente   cómodamente
   ("inteligente" no llevaba acento)   ("cómoda" sí lo llevaba)

Acentos

Vocales fuertes y débiles

● Las vocales *a, e* y *o* se consideran "fuertes"; las vocales *i* y *u* se consideran "débiles". Por lo general, cuando una vocal fuerte y una débil aparecen juntas en una palabra, forman un **diptongo** y se pronuncian juntas.

media   peine   Rosario

Si una vocal fuerte y una débil que aparecen juntas **no** forman diptongo y se pronuncian separadas, entonces la vocal débil lleva acento escrito.

media (prenda de vestir) --► diptongo (no se escribe acento)

media (del verbo "medir") --► no hay diptongo

(se escribe acento)

Diéresis

Para indicar que hay que pronunciar la u de güe y güi

● La **diéresis** son dos puntos (uno al lado del otro) que indican que hay que pronunciar la *u*, que normalmente es muda, entre la *g* y la *e* o la *g* y la *i*.

Fuimos al zoológico a ver pingüinos y cigüeñas.

Plurales

Nombres que acaban en las vocales *a, e, o*

- Para formar el plural de un nombre que acaba en las vocales *a, e, o* debes añadir una *s*.

  casa - casas   pie - pies   perro - perros

Nombres que acaban en consonante o en vocal *i, u*

- Para formar el plural de un nombre que acaba en consonante o en vocal *i* o *u* debes añadir *-es*.

  camión – camiones   pared – paredes

  portal – portales   maní – maníes   rubí – rubíes

Casos especiales

- Hay algunas palabras acabadas en *s* que no varían cuando se escriben en plural.

  El análisis - los análisis

  el miércoles - los miércoles

  el virus - los virus

- Los nombres que acaban en *z* cambian la *z* por *c* en el plural.

  lápiz - lápices

  nariz - narices

  actriz - actrices

Números

Escribir números

- Los números del uno al treinta se escriben en una sola palabra. A partir del treinta y uno, se separan las unidades.

  uno   venticuatro   treinta y nueve   ciento tres

Números muy grandes

- Cuando hables de números muy grandes, puedes usar una combinación de cifras y palabras.

  17 millones   1.5 miles de millones

Para empezar una oración

- Usa palabras, no cifras, para comenzar una oración.

  Diecinueve estudiantes de mi clase son morenos.

Cifras

- Escribe el número con cifras en los siguientes casos:

dinero	$1.50	**decimal**	98.6
porcentaje	50 por ciento	**página**	páginas 12–21
capítulo	capítulo 5	**dirección**	701 Hill Street
fecha	6 de junio	**hora**	3:30 p.m.
estadística	un resultado de 5 a 2	**año**	1999

OBSERVA QUE EN LOS AÑOS NO SE PONE COMA TRAS EL MILLAR.

Concordancia

Cuando le ponemos un adjetivo a un nombre, tenemos que asegurarnos de que tienen el mismo género (masculino/femenino) y número (singular/plural).

Género

● Un adjetivo debe tener el mismo género que el nombre.

El oso es gracioso.   La osa es graciosa.

● Si usas un adjetivo con varios nombres, el adjetivo irá en masculino si uno de los nombres es masculino:

Este auto, esta motocicleta y esta bicicleta son muy rápidos.
Esta motocicleta y esta bicicleta son muy rápidas.

Pero recuerda: algunos adjetivos no cambian de género:

Este libro es interesante.   Esta historia es interesante.

Número

● Un adjetivo debe tener el mismo número que el nombre.

El oso es gracioso.   Los osos son graciosos.

● Fíjate en que el adjetivo va en plural cuando se refiere a más de un nombre.

El oso es gracioso.   El oso y el perro son graciosos.

Abreviaturas

Abreviaturas

- Una abreviatura es una manera de escribir una palabra de forma más corta. La mayoría de las abreviaturas terminan con un punto, como puedes ver en la lista de abreviaturas más comunes de la página siguiente.

  Sr. (señor)   Sra. (señora)   Dra. (doctora)   Dr. (doctor)

  En las páginas 344–345 encontrarás más abreviaturas.

Acrónimos

- Un **acrónimo** es una palabra formada por las iniciales de las palabras de una frase. Los acrónimos no terminan en punto.

  ovni (<u>o</u>bjeto <u>v</u>olador <u>n</u>o <u>i</u>dentificado)

  láser (del inglés *light <u>a</u>mplification by <u>s</u>timulated <u>e</u>mission of <u>r</u>adiation*: amplificación de luz por emisión estimulada de radiación)

  radar (del inglés *<u>ra</u>dio <u>d</u>etecting <u>a</u>nd <u>r</u>anging*: detección y localización por radio)

Siglas

- Una **sigla** también se forma con las iniciales de varias palabras. La diferencia es que, muchas veces, las siglas no se leen como una palabra.

  NBA (**N**ational **B**asketball **A**ssociation: Asociación Nacional de Baloncesto)

  CD (**c**ompact **d**isc: disco compacto)

  FBI (**F**ederal **B**ureau of **I**nvestigation: Agencia Federal de Investigación)

ABREVIATURAS POSTALES DE LOS ESTADOS

Alabama	AL	Missouri	MO
Alaska	AK	Montana	MT
Arizona	AZ	Nebraska	NE
Arkansas	AR	Nevada	NV
California	CA	New Hampshire	NH
Colorado	CO	Nueva Jersey	NJ
Connecticut	CT	Nuevo México	NM
Delaware	DE	Nueva York	NY
Distrito de		North Carolina	NC
Columbia	DC	North Dakota	ND
Florida	FL	Ohio	OH
Georgia	GA	Oklahoma	OK
Hawaii	HI	Oregon	OR
Idaho	ID	Pennsylvania	PA
Illinois	IL	Rhode Island	RI
Indiana	IN	South Carolina	SC
Iowa	IA	South Dakota	SD
Kansas	KS	Tennessee	TN
Kentucky	KY	Texas	TX
Louisiana	LA	Utah	UT
Maine	ME	Vermont	VT
Maryland	MD	Virginia	VA
Massachusetts	MA	Washington	WA
Michigan	MI	West Virginia	WV
Minnesota	MN	Wisconsin	WI
Mississippi	MS	Wyoming	WY

AL ESCRIBIR LA DIRECCIÓN EN UN SOBRE, USA LAS ABREVIATURAS POSTALES.

ABREVIATURAS MÁS COMUNES

a. C.	antes de Cristo	N	norte
a. m.	antes del mediodía	O	oeste
cap.	capítulo	pág.	página
d. C.	después de Cristo	p. m.	después del mediodía
E	este	S	sur
etc.	etcétera	p. ej.	por ejemplo

La palabra correcta

En este capítulo aparecen los homófonos más comunes. Los homófonos son palabras que suenan igual, pero se escriben de modo diferente y tienen distinto significado, como *cazar* y *casar*. Si conoces los homófonos más comunes, no cometerás errores como éste al escribir:

Me gustaría casar una mariposa.

Parece que alguien quiere casarse con una mariposa, ¿no? La palabra correcta en este caso es *cazar*.

ay, hay	¡**Ay**, que viene un carro! **Hay** muchos juegos en ese parque.
Asia, hacia	**Asia** es un continente enorme. Voy caminando **hacia** mi casa.
asta, hasta	El **asta** de la bandera se movía con el viento. No nos vamos **hasta** mañana.

baso, vaso	Yo **baso** mi opinión en lo que él me dijo. Dame un **vaso** de agua, por favor.
baya, valla	Una **baya** es un tipo de fruta. Una **valla** de madera rodeaba el patio.
bello, vello	El paisaje de aquel lugar era muy **bello**. Apenas tengo **vello** en los brazos.
bota, vota	La **bota** del pie derecho me aprieta. Mi padre **vota** el día de las elecciones.
callo, cayo	Ya me **callo**; no digo una palabra más. **Cayo** Hueso se encuentra en la Florida.
casar, cazar	Mi hermano mayor se va a **casar** este año. Vamos a **cazar** mariposas, pero luego las soltamos.
ciento, siento	El 5 por **ciento** de los estudiantes de esta clase son menores que yo. **Siento** que no puedas venir.
masa, maza	Hice una **masa** para un pastel. Clavé un poste con la **maza**.
tubo, tuvo	Llevaré mi dibujo a clase en un **tubo**. Mi hermano **tuvo** que quedarse en casa.

El uso de la

puntuación

Los **signos de puntuación** son muy importantes. Te ayudan a expresar tus ideas de forma clara. Imagínate lo que sería escribir sin signos de puntuación. Todas tus palabras y tus ideas irían mezcladas sin orden alguno. No tendría mucho sentido.

Esta parte de la "Guía del corrector" incluye muchas reglas para el uso de los signos de puntuación. Consulta este capítulo siempre que tengas alguna duda sobre qué signo poner y dónde ponerlo.

¡A puntuar!

En esta sección encontrarás:

Punto ▶ **329**
Coma ▶ **330**
Punto y coma ▶ **332**
Dos puntos ▶ **333**
Signos de exclamación ▶ **334**
Signos de interrogación ▶ **334**
Paréntesis ▶ **335**
Raya ▶ **335**
Guión ▶ **336**
Comillas ▶ **336**
Subrayado (o cursiva) ▶ **337**

La máquina de la puntuación

Punto

El **punto** se pone al final de una oración, pero tiene otros usos importantes.

Desde que empezaste a escribir has usado el punto.

········▶ punto

Al final de la oración

● Se pone un punto al final de las oraciones enunciativas e imperativas.

Usamos la computadora todos los días.

Apaga la computadora cuando termines.

Después de una inicial

● Se pone un punto después de la inicial de un nombre.

M. Vargas Llosa   B.B. King   R. Tagore

Después de una abreviatura

● Se pone un punto después de una palabra que está abreviada.

Sra.   etc.   Sr.   Dr.   Dra.

Para indicar los números decimales

● Pon un punto para indicar el lugar decimal en un número.

Mi mamá dice que tengo 99.6 grados de fiebre.

● Pon un punto para separar los dólares de los centavos.

La entrada de la película cuesta $7.50.

Coma

La **coma** indica que hay que hacer una pausa. Las comas hacen que tu redacción sea más fácil de leer.

Una coma es como un punto con una colita (,).

········ coma

Para separar los elementos de una serie

● Coloca una coma entre las palabras u oraciones de una serie. Una serie, o enumeración, es una lista de cosas.

A mí me gustan los tacos, la pizza, los burritos y las hamburguesas. (palabras)

Iremos al parque, almorzaremos, iremos a patinar y volveremos a casa. (oraciones)

NO PONGAS COMA ANTES DE LAS CONJUNCIONES Y, NI, O.

Para separar el nombre de la persona a quien se habla

● Separa con una coma el nombre de la persona a la que estás hablando directamente. Si el nombre va en el medio, escríbelo entre dos comas.

¿Vienes, Rosa?

Dime, Carlos, si comerás chocolate durante la película.

En los números escritos con cifras

● Coloca una coma en los números escritos con cifras, para separar los millares, los millones, etc.

Reunimos 22,000 latas y ganamos $1,000.

Para separar una aclaración dentro de la oración

● Cuando hagas una aclaración dentro de la oración, la aclaración se coloca entre comas.

> Mi hermano, que iba en el auto de mis tíos, llegó más tarde. Participaron 600 personas, es decir, el doble que el año pasado.

Para introducir un ejemplo

Con la palabra *como*

● Coloca una coma delante de la palabra *como* cuando introduce un ejemplo.

> Me gustan los deportes de invierno, **como** esquiar y patinar sobre hielo.

Con las palabras *por ejemplo*

● Usa comas para separar las palabras *por ejemplo* del resto de la oración.

> Le puedes decir, **por ejemplo**, que el gato es mi animal favorito.

Entre una ciudad y el estado

● Coloca una coma entre la ciudad y el estado cuando escribas una oración o una dirección.

> Se ha mudado a Los Ángeles, California.

Coma

Para separar la profesión o el título de una persona

● Pon una coma para separar la profesión o el puesto que ocupa la persona de la que estás hablando.

Don Manuel, el maestro de matemáticas, también vino a la excursión.

Juan, el director de la revista de la escuela, quería que escribiera sobre mis vacaciones.

El **punto y coma** (se pone un punto arriba y una coma debajo) indica que al leer hay que hacer una pausa más larga que la de la coma y más corta que la del punto.

No quiero llegar tarde; es posible que no nos dejen entrar.

punto y coma

Entre oraciones no separadas por conjunciones

● Coloca un punto y coma entre oraciones sin conjunción. Recuerda que algunas conjunciones son *y*, *o*, *pero*.

Los de abajo cantaban; los de arriba aplaudían.

Entre oraciones donde hay comas

● Coloca un punto y coma entre oraciones donde ya hay comas.

El trapecista se lanzó, trató de agarrar la cuerda y falló; yo no quería mirar.

Dos puntos

Los **dos puntos** se usan en ciertos casos especiales; por ejemplo, cuando escribes la hora.

Para escribir los dos puntos, pon un punto encima de otro (:).

dos puntos

Entre los números de la hora

- Se ponen dos puntos para separar la hora de los minutos.

    Mi clase empieza a las 7:45 a. m.

En las cartas

- Se ponen dos puntos después del saludo en una carta.

    Querida abuelita: Querido Pedro:

    Estimado señor: Estimada amiga:

Para presentar una lista

- Escribe dos puntos antes de empezar una lista.

    Mis meriendas favoritas son: los panqueques, los pasteles y los helados.

Antes de una cita

- Escribe dos puntos antes de una cita. Una cita son las palabras que dice otra persona.

    Mi mamá siempre dice: "Hay que hacer las cosas despacio y bien".

Signos de exclamación

Para indicar una emoción

- Cuando veas los **signos de exclamación** debes leer las palabras que están entre ellos con más emoción. Los signos de exclamación pueden encerrar frases u oraciones.

    Mi mamá me puso hielo y ¡qué alivio! (frase)

    ¡Eso no es un dinosaurio! (oración)

    signos de exclamación

NO LLENES TUS REDACCIONES DE SIGNOS DE EXCLAMACIÓN. SI PONES DEMASIADOS, PIERDEN SU VALOR.

Signos de interrogación

Para indicar una pregunta

- Cuando hagas una pregunta, debes encerrarla entre dos signos de interrogación.

    ¿Quién puso la salsa picante en mi taco?

    signos de interrogación

    Si tomo agua, ¿se me apagará la lengua?

NUNCA SE ESCRIBE PUNTO DESPUÉS DEL SIGNO FINAL DE INTERROGACIÓN O DE EXCLAMACIÓN.

Paréntesis

Para añadir información

● Los **paréntesis** se usan para añadir información. No te olvides de poner el segundo paréntesis.

El mapa (véase la página 2) muestra todas las carreteras.

.... paréntesis

Raya

Para escribir una conversación

● La **raya** se emplea para reproducir un diálogo o conversación.

—Papá —pregunté—, ¿Los halcones comen serpientes?

—Ya lo creo —me dijo—. Son su plato preferido.

rayas

OBSERVA QUE LA PRIMERA RAYA INDICA QUE ALGUIEN EMPIEZA A HABLAR. LAS OTRAS ENCIERRAN EXPLICACIONES SOBRE EL DIÁLOGO.

Para añadir información

● Las rayas también se pueden usar para añadir información, como una especie de paréntesis.

Mi primo —aquél con el pelo oscuro— es mayor que yo.

FÍJATE QUE, EN ESTE CASO, LAS RAYAS SE ESCRIBEN JUNTO A LAS PALABRAS QUE ENCIERRAN.

Guión

● Cuando una palabra no cabe entera en una línea, se divide en dos partes y se coloca un guión al final de la línea.

Como no me cabe, voy a se-
guir en la otra línea. .... guión

Reglas para dividir una palabra

● Cuando dividas una palabra, recuerda que no puedes separar las letras que forman una sílaba.

pe-da-zo   ár-bol
di-no-sau-rio

Comillas

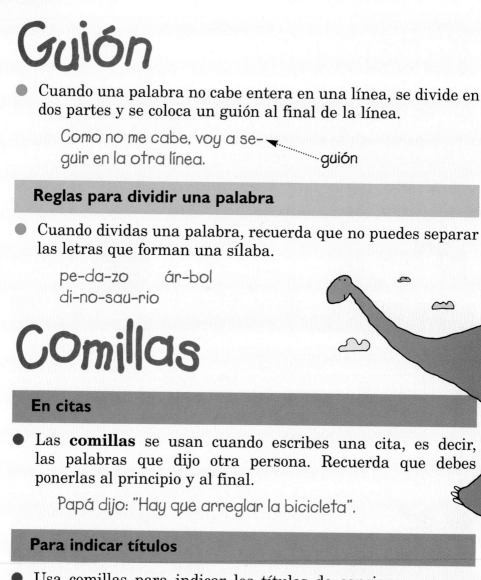

En citas

● Las **comillas** se usan cuando escribes una cita, es decir, las palabras que dijo otra persona. Recuerda que debes ponerlas al principio y al final.

Papá dijo: "Hay que arreglar la bicicleta".

Para indicar títulos

● Usa comillas para indicar los títulos de canciones, poemas y cuentos.

Nos pusimos a cantar "La guantanamera".

Papá nos leyó el poema "La vaca estudiosa" de María Elena Walsh.

El cuento "El monstruo del lago Ness" me da miedo.

Subrayado (Cursiva)

Para indicar títulos

- El **subrayado** se emplea con títulos de libros, obras de teatro, programas de televisión, películas y revistas. Si escribes en una computadora puedes poner todos esos títulos en *cursiva* en lugar de subrayarlos.

cursiva

subrayado

El tren fantasma o *El tren fantasma* (un libro)

El Rey León (una película)

Plaza Sésamo (un programa de televisión)

El cascanueces (una obra de teatro)

El Coyote (una revista)

ACUÉRDATE DE USAR COMILLAS (" ") PARA LOS TÍTULOS DE LOS CUENTOS, LOS POEMAS Y LAS CANCIONES.

Para palabras especiales

- Usa el subrayado (o las cursivas) con los nombres de naves espaciales y de barcos.

La Pinta o La *Pinta* (un barco)

El Apolo 12 (una nave espacial)

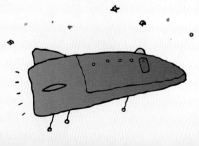

5

El almanaque

del estudiante

El almanaque del estudiante

Tablas y listas

Las tablas y listas de esta sección te resultarán
interesantes y útiles.

Un mundo de lenguas

Hay más de 220 lenguas en el mundo. Por eso la gente
a veces tiene problemas para comunicarse, sobre todo al
viajar. La lista de abajo te enseña a decir "hola" y "adiós"
para facilitarte un poco la comunicación.

Lengua	Hola o Buenos días	Adiós
alemán	guten Tag	auf Wiedersehen
chino (dialecto mandarín)	dzău	dzàijyàn
farsi (Irán)	salaam سلام	khoda hafez خدا حافظ
francés	bonjour	au revoir
hebreo	shalom	shalom
inglés	hello	good-bye
italiano	buon giorno	addio
portugués	alô	adeus
quechua (América del Sur)	alli punchau	aywa
tagalog (Filipinas)	magandáng áraw	adyós

Muchas maneras de decir lo mismo

Hay más de 266 millones de hispanohablantes en el mundo. Por eso, en nuestro idioma a veces hay varias maneras de decir la misma cosa. Aquí tienes algunas de las variaciones más comunes. ¿Puedes pensar en otras?

Personas

niño, muchacho, chavo (Guatemala), **pibe** (Argentina, Uruguay), **cipote** (El Salvador, Nicaragua), **nene** (Puerto Rico), **chamaco** (México), **chaval** (España)

niña, chica, piba (Argentina, Uruguay), **cipota** (El Salvador, Nicaragua), **nena** (Puerto Rico), **chavala** (España, Nicaragua), **botija** (Uruguay)

bebé, nene, guagua (Bolivia, Chile, Ecuador)

Comidas

cacahuate, cacahuete (España), **maní** (Suramérica)

palomitas de maíz, rositas o rosetas de maíz, canguil (Ecuador), **cancha** (Perú)

banana, plátano, guineo, banano

frijol, fréjol (Perú), **habichuela, haba, judía** (España)

Animales

pavo, guajolote, chompipe (Centroamérica), **guanajo**

loro, cotorra (Puerto Rico, Cuba), **papagayo, perico**

colibrí, zunzún, tucusito (Venezuela), **chuparrosa, picaflor**

burro, asno, jumento, pollino, borrico

becerro, ternero, novillo

Cosas

cometa, papalote (Caribe)**, chiringa** (Venezuela)**, volantín, barrilete, pandorga, papagayo** (Venezuela)

globo, bomba (Venezuela, Ecuador)**, chimbomba** (Nicaragua)**, vejiga** (El Salvador)**, vegía** (Guatemala)

gafas, lentes, espejuelos (Caribe)**, anteojos**

caño, tubo (México)**, paja** (Nicaragua)**, grifo, llave**

carro, auto, automóvil, máquina, coche

Descripciones

calvo, pelado, cocolo, pelón (Guatemala)

crespo, rizado, chino, sambo, colocho (Guatemala)

color café, marrón, carmelita (Caribe)**, castaño**

Acciones

doblar, girar, torcer (Nicaragua)**, virar**

empapar, remojar, ensopar

Exclamaciones

¡Caracoles!, ¡Pero cómo!, ¡Caramba!, ¡Epa!, ¡Vaya!, ¡Recórcholis!, ¡Chispas! (Ecuador)

¡Ándale!, ¡Muévete!, ¡Avanza! (Puerto Rico)**, ¡Vámonos!**

¡Qué chévere!, ¡Qué padre!, ¡Qué buena onda!, ¡Qué suave!

MEDIDAS

Aquí tienes algunas de las unidades básicas del sistema de medidas angloamericano.

Longitud (a qué distancia)

1 **pulgada** (pulg) _____   ← *una pulgada*

1 **pie = 12 pulgadas**

1 **yarda** (yd) = **3 pies = 36 pulgadas**

1 **milla** (mi) = **1,760 yardas = 5,280 pies = 63,360 pulgadas**

Peso (cuánto pesa)

1 **onza** (oz)

1 **libra** (lb) = **16 onzas**

1 **tonelada = 2,000 libras = 32,000 onzas**

Capacidad (cuánto contiene)

1 **cucharadita**

1 **cucharada = 3 cucharaditas**

1 **taza** (tz) = **16 cucharadas**

1 **pinta** (pt) = **2 tazas**

1 **cuarto** (ct) = **2 pintas = 4 tazas**

1 **galón** (gal) = **4 cuartos = 8 pintas = 16 tazas**

SISTEMA MÉTRICO

El **sistema métrico** no es el sistema oficial de los Estados Unidos, pero se usa en el campo de la ciencia y la medicina y en muchas otras áreas. Además, es el sistema que se usa en la mayoría de los países americanos y en Europa. Este sistema se basa en unidades de 10. Aquí tienes algunas de las medidas métricas más comunes.

Longitud (a qué distancia)

1 milímetro (mm) . ◄········ un milímetro

1 centímetro (cm) = **10 milímetros** ——— ◄········ 10 milímetros

1 metro (m) = **100 centímetros** = **1,000 milímetros**

1 kilómetro (km) = **1,000 metros** = **100,000 centímetros** = **1,000,000 de milímetros**

Peso (cuánto pesa)

1 gramo (g)

1 kilogramo (kg) = **1,000 gramos**

Capacidad (cuánto contiene)

1 mililitro (mL)

1 litro (L) = **1,000 mililitros**

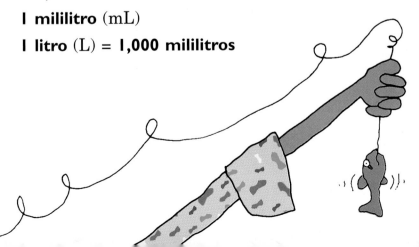

Características de los planetas

Nuestro **sistema solar** se encuentra en la galaxia llamada Vía Láctea. Aunque esta galaxia tiene 100,000 millones de estrellas, nuestro sistema solar sólo cuenta con una estrella: el Sol. El Sol es el centro del sistema solar.

Alrededor del Sol giran nueve planetas y muchos asteroides y cometas. Los planetas siguen órbitas elípticas regulares. Mercurio, Venus, Marte y Plutón son parecidos a la Tierra en tamaño y composición química. Júpiter, Saturno, Urano y Neptuno son mucho más grandes y están envueltos en espesas nubes de gases.

	Sol	Luna	Mercurio	Venus	Tierra
Número de satélites o lunas	9 planetas	0	0	0	1
Diámetro	867,000 millas	2,155 millas	3,031 millas	7,520 millas	7,926 millas
Duración de un día*	25 días	27 días	59 días	243 días	24 horas
Duración de un año*		365 días	88 días	225 días	365 días
Distancia media al Sol		93 millones de millas	36 millones de millas	67 millones de millas	93 millones de millas
Temperatura de la superficie (Fahrenheit)*	10,000° (superficie) 27,000,000° (centro)	200° (cara iluminada) -230° (cara oculta)	-315° a 648°	850°	-127° a 136°
Peso de una persona de 100 libras		16 libras	38 libras	87 libras	100 libras

* Valores aproximados

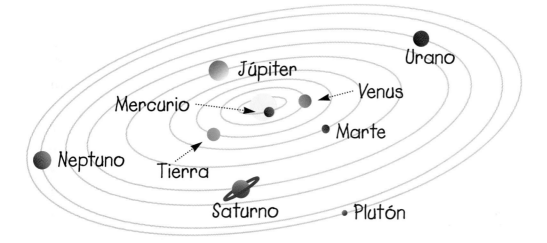

Marte	Júpiter	Saturno	Urano	Neptuno	Plutón
2	16	23	15	8	1
4,200 millas	88,700 millas	74,600 millas	31,570 millas	30,800 millas	1,420 millas
25 horas	10 horas	11 horas	22 horas	16 horas	6 días
687 días	12 años	29 años	84 años	165 años	248 años
142 millones de millas	484 millones de millas	886 millones de millas	1,781 millones de millas	2,793 millones de millas	3,660 millones de millas
-191° a -24°	-236°	-285°	-357°	-400°	-342° a -369°
38 libras	287 libras	132 libras	93 libras	123 libras	3 libras

Los mapas

Es importante estar al tanto de los cambios que se producen en el mundo, de los países que surgen y de las nuevas fronteras que se establecen. Esta sección te ofrece las destrezas que necesitas para leer mapas y conocer el mundo.

Leer mapas

Existen muchos tipos de **mapas**: del tiempo, de la superficie de la Tierra e incluso mapas que muestran el camino que siguen los huracanes. En esta guía encontrarás *mapas políticos,* que enseñan cómo está dividida la Tierra en países y estados, y cuáles son las capitales y las ciudades principales.

Símbolos que se usan en los mapas

Los cartógrafos (personas que hacen los mapas) usan símbolos especiales para mostrar las direcciones o puntos cardinales (norte, sur, este y oeste). A la derecha puedes ver una *rosa de los vientos,* que muestra dónde está el norte. Los mapas suelen tener el norte en la parte de arriba.

La leyenda

Los símbolos de un mapa se explican en una *leyenda,* o *clave,* que te permite usar el mapa. Esta leyenda, tomada de un mapa de los Estados Unidos, incluye símbolos para capitales de estados, ciudades y otros datos.

ESTADOS UNIDOS
✪ Capital nacional
★ Capitales de estados
● Ciudades

0   100   200   300   400 mi

0   100   200   300   400 km

La escala

Las leyendas tienen también una escala. La *escala* te permite ver la distancia entre dos lugares. Ésta es la escala en pulgadas de este mapa de los Estados Unidos.

0   100   200   300   400 mi

PON EL EXTREMO DE UNA REGLA EN EL "O" DE LA ESCALA. ¿A CUÁNTAS MILLAS EQUIVALE 1 PULGADA? (LA RESPUESTA DEBE SER 400 MILLAS.) ¿A CUÁNTAS MILLAS EQUIVALDRÍAN 2 PULGADAS?

Latitud y longitud

Latitud ● Las líneas que recorren un mapa de este a oeste alrededor de la Tierra se llaman líneas de **latitud**, o paralelos. La latitud se mide en grados, y el *ecuador* marca los 0 grados (0°). Los paralelos que están por encima del ecuador miden la *latitud norte*. Los paralelos que están por debajo del ecuador miden la *latitud sur*.

Longitud ● Las líneas que recorren un mapa desde el Polo Norte hasta el Polo Sur se llaman líneas de **longitud**, o meridianos. La línea de longitud que marca los 0° pasa por Greenwich, Inglaterra, y recibe el nombre de *meridiano cero*. Los meridianos que están al este del meridiano cero miden la *longitud este*. Los meridianos que están al oeste del meridiano cero miden la *longitud oeste*.

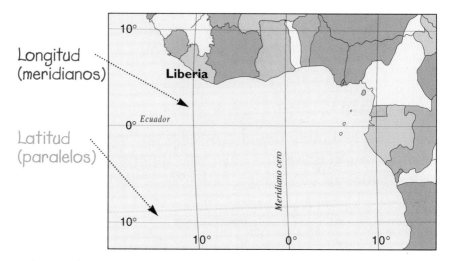

Coordenadas ● La latitud y la longitud de un lugar son sus *coordenadas*. En un par de coordenadas, se escribe primero la latitud y luego la longitud. En este mapa puedes ver que las coordenadas de Liberia son 7° N, 10° O.

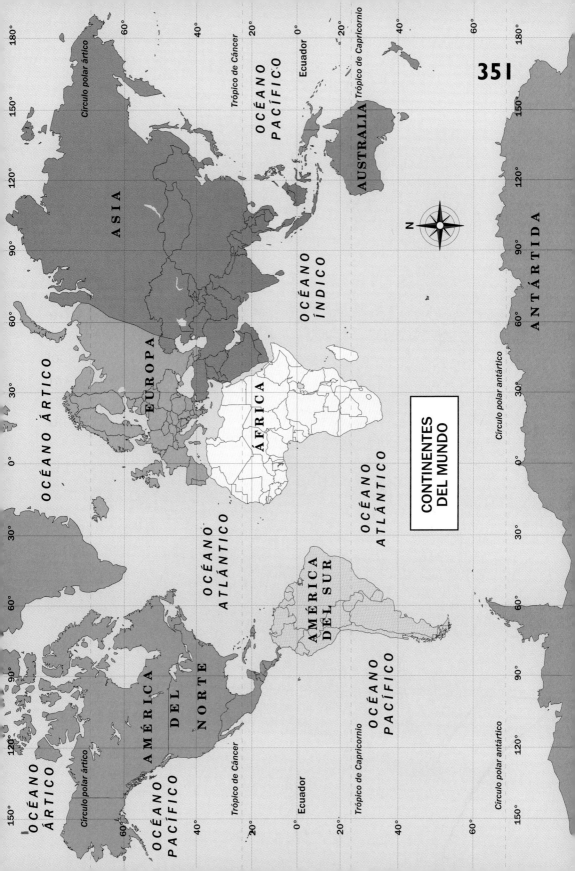

CONTINENTES DEL MUNDO

351

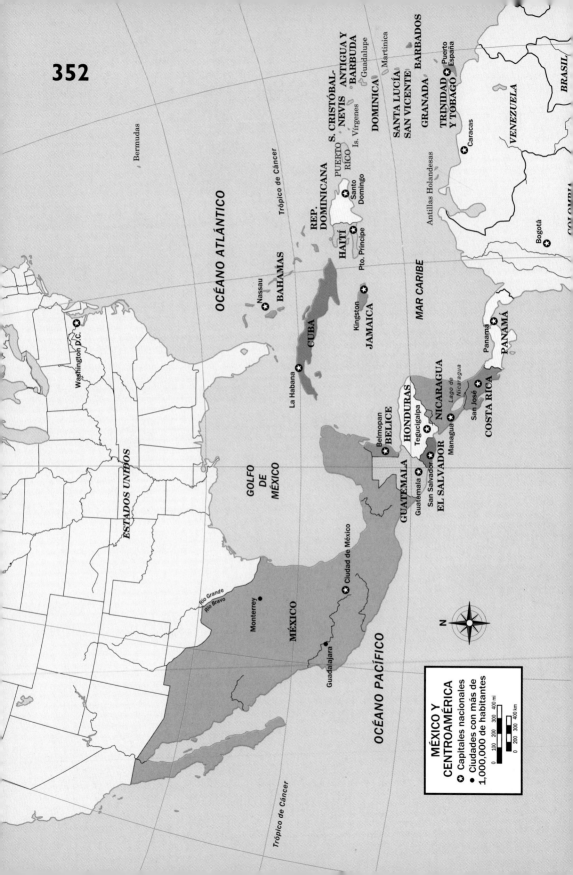

352

ESTADOS UNIDOS

Washington D.C. ✪

Bermudas

OCÉANO ATLÁNTICO

Trópico de Cáncer

GOLFO
DE
MÉXICO

Rio Grande
Rio Bravo

Monterrey ●

MÉXICO

Guadalajara ●

Ciudad de México ✪

OCÉANO PACÍFICO

Trópico de Cáncer

Nassau ✪

BAHAMAS

La Habana ✪

CUBA

Kingston ●
JAMAICA ✪

HAITÍ
Pto. Príncipe ✪

REP.
DOMINICANA
Santo
Domingo ✪

PUERTO
RICO
Is. Vírgenes

S. CRISTÓBAL-
NEVIS   ANTIGUA Y
BARBUDA
Guadalupe

Martinica
DOMINICA

SANTA LUCÍA
SAN VICENTE

GRANADA
TRINIDAD
Y TOBAGO
Puerto
España ✪

BARBADOS

Antillas Holandesas

Caracas ✪

VENEZUELA

BRASIL

COLOMBIA

Bogotá ●

MAR CARIBE

Belmopan ✪
BELICE

Belmopan ✪
HONDURAS
Tegucigalpa ✪

GUATEMALA
Guatemala ✪
San Salvador ✪
EL SALVADOR

NICARAGUA
Managua ✪
Lago de
Nicaragua

San José ✪
COSTA RICA

Panamá ●
PANAMÁ

N

MÉXICO Y
CENTROAMÉRICA
✪ Capitales nacionales
● Ciudades con más de
   1,000.000 de habitantes

0 100 200 300 400 mi

0 200 300 400 km

AMÉRICA DEL SUR

⊛ Capitales nacionales

● Ciudades con más de 1,000,000 de habitantes

353

MAR CARIBE

80° 70° 60° 50° 40°

SANTA LUCÍA
SAN VICENTE
GRANADA

BARBADOS

10° 10°

TRINIDAD
Y TOBAGO

Caracas ●

PANAMÁ

Río Orinoco

VENEZUELA

Georgetown ⊛

Paramaribo ⊛

● Medellín

GUYANA

Cayena ●

SURINAM

● Bogotá

**GUAYANA
FRANCESA**

● Cali

COLOMBIA

**OCÉANO
ATLÁNTICO**

0° *Río Negro* 0°

ECUADOR

⊛ Quito

Río Amazonas

Belém ●

Río Amazonas

● Guayaquil

Río Amazonas

Fortaleza ●

Río Tapajós

Río Xingú

PERÚ

Río Madeira

BRASIL

Recife ●

10° 10°

⊛ Lima

Salvador ●

Lago Titicaca

BOLIVIA

⊛ La Paz

Brasilia ⊛

Lago Poopó

Sucre ⊛

20° Belo Horizonte ● 20°

**Trópico de
Capricornio**

Río Paraná

PARAGUAY

Río de Janeiro ●

São Paulo ●

Asunción ⊛

**OCÉANO
PACÍFICO**

Curitiba ●

30° Porto Alegre ● 30°

C H I L E

URUGUAY

Santiago ⊛

Buenos Aires ●

OCÉANO   ATLÁNTICO

Montevideo ●

ARGENTINA

40° 40°

N

N

AMÉRICA DEL SUR

⊛ Capitales nacionales

● Ciudades con más de
1,000,000 de habitantes

0   100 200 300   400 mi

0 100 200 300 400 km

50° 50°

Is. Malvinas/Falkland

Is. Georgias
del Sur

Longitud oeste

80° 70° 60° 50° 40°

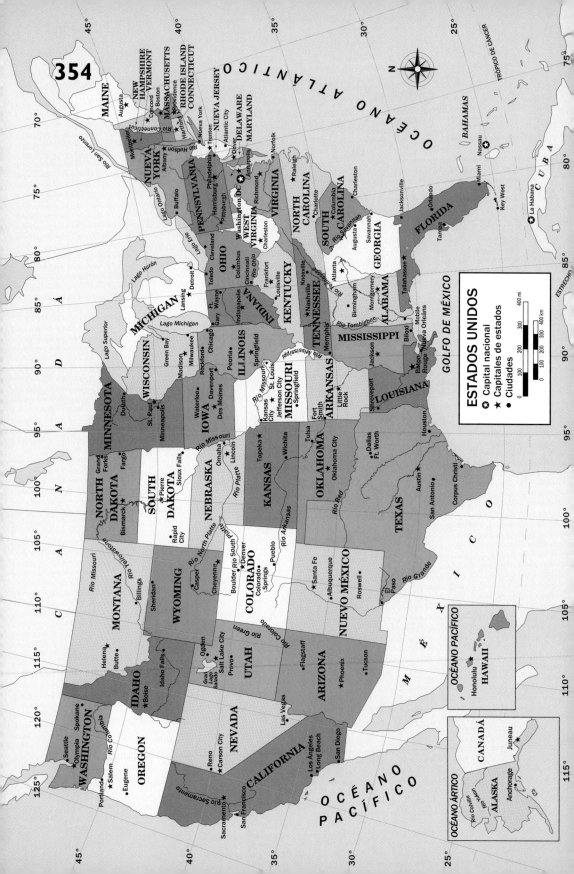

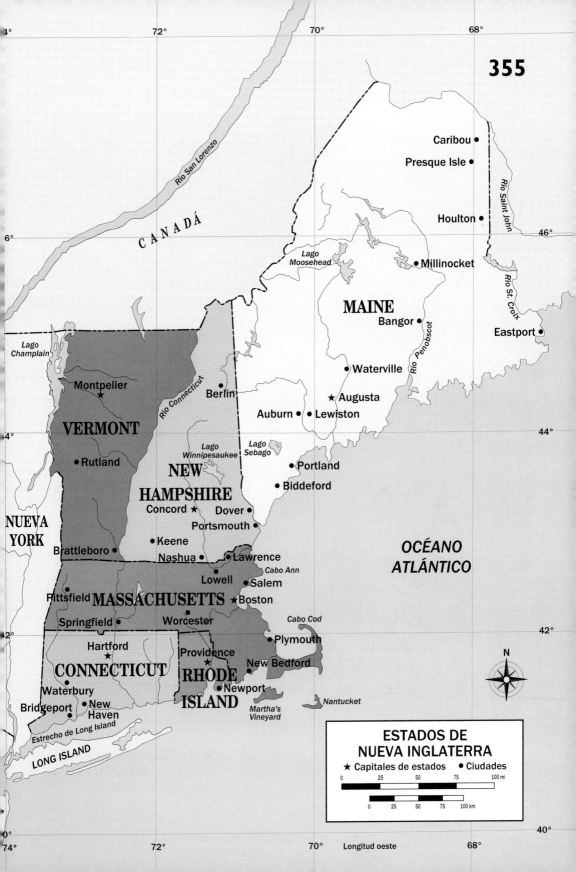

355

CANADÁ

Río San Lorenzo

Caribou ●

Presque Isle ●

Houlton ●

Río Saint John

Río St. Croix

Lago Moosehead

Millinocket ●

MAINE

Bangor ●

Waterville ●

Río Penobscot

Eastport ●

Lago Champlain

Montpelier ★

Berlin ●

Río Connecticut

★ Augusta

VERMONT

Auburn ● ● Lewiston

● Rutland

Lago Winnipesaukee

Lago Sebago

NEW HAMPSHIRE

● Portland

● Biddeford

Concord ★

● Dover

NUEVA YORK

Portsmouth ●

● Keene

Brattleboro ●

Nashua ● ● Lawrence

Cabo Ann

Lowell ●

● Salem

Pittsfield ●

MASSACHUSETTS

★ Boston

OCÉANO ATLÁNTICO

Springfield ●

Worcester ●

Cabo Cod

Hartford ★

Providence ★

● Plymouth

CONNECTICUT

RHODE ISLAND

New Bedford ●

Waterbury ●

Newport ●

Bridgeport ● ● New Haven

Martha's Vineyard

Nantucket

Estrecho de Long Island

LONG ISLAND

N

ESTADOS DE NUEVA INGLATERRA

★ Capitales de estados ● Ciudades

0   25   50   75   100 mi

0   25   50   75   100 km

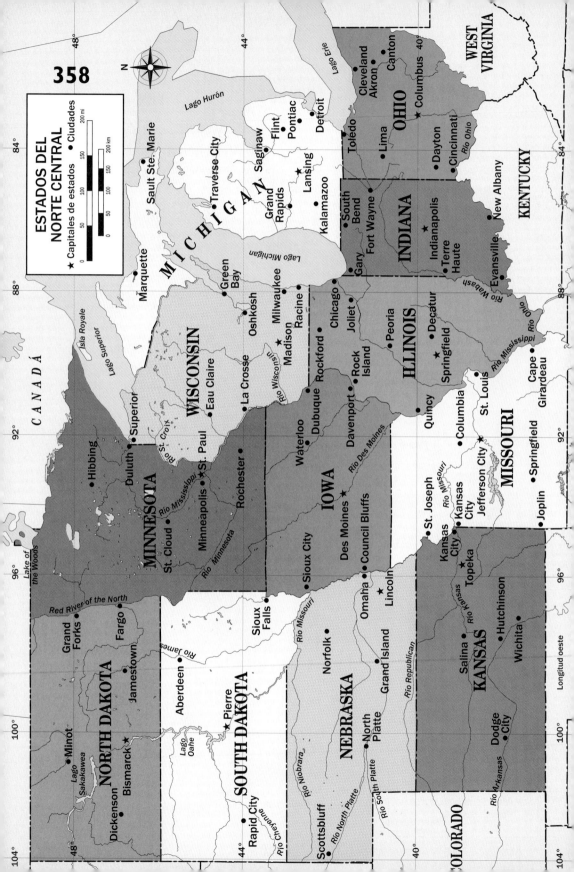

358

N

CANADÁ

Lago Superior

Lago Hurón

Lago Erie

Isla Royale

Lake of
the Woods

Rio Rojo del Norte

MICHIGAN

WISCONSIN

MINNESOTA

NORTH DAKOTA

SOUTH DAKOTA

NEBRASKA

KANSAS

IOWA

MISSOURI

ILLINOIS

INDIANA

OHIO

WEST
VIRGINIA

KENTUCKY

COLORADO

Lago Michigan

Sault Ste. Marie

Marquette

Traverse City

Saginaw

Flint
Pontiac
Detroit

Grand
Rapids

Lansing

Kalamazoo

Cleveland
Akron
Canton

Columbus

Toledo
Lima

Dayton
Cincinnati

New Albany

Evansville

Terre
Haute

Indianapolis

South
Bend
Fort Wayne

Gary

Chicago

Joliet

Rockford

Rock
Island

Peoria

Decatur

Springfield

Quincy

Columbia

St. Louis

Cape
Girardeau

Springfield

Joplin

Jefferson City

Kansas
City

Kansas
City

St. Joseph

Topeka

Hutchinson

Wichita

Salina

Dodge
City

Lincoln

Omaha

Grand Island

North
Platte

Norfolk

Scottsbluff

Rapid City

Pierre

Aberdeen

Sioux
Falls

Sioux City

Council Bluffs

Des Moines

Waterloo

Davenport

Dubuque

La Crosse

Eau Claire

Green
Bay

Oshkosh

Madison

Milwaukee

Racine

Rochester

Minneapolis

St. Paul

St. Cloud

Duluth

Superior

Hibbing

Grand
Forks

Fargo

Jamestown

Bismarck

Dickenson

Minot

Lago
Sakakawea

Lago
Oahe

Red River of the North

Rio James

Rio Cheyenne

Rio Niobrara

Rio Norte Platte

Rio Sur Platte

Rio Republican

Rio Kansas

Rio Arkansas

Rio Arkansas

Rio Missouri

Rio Missouri

Rio Kansas

Rio Des Moines

Rio Mississippi

Rio Minnesota

Rio Minnesota

Rio St. Croix

Rio Wisconsin

Rio Mississippi

Rio Ohio

Rio Ohio

Rio Wabash

Longitud oeste

48°   48°

44°   44°

40°   40°

104°   104°

100°   100°

96°   96°

92°   92°

88°   88°

84°   84°

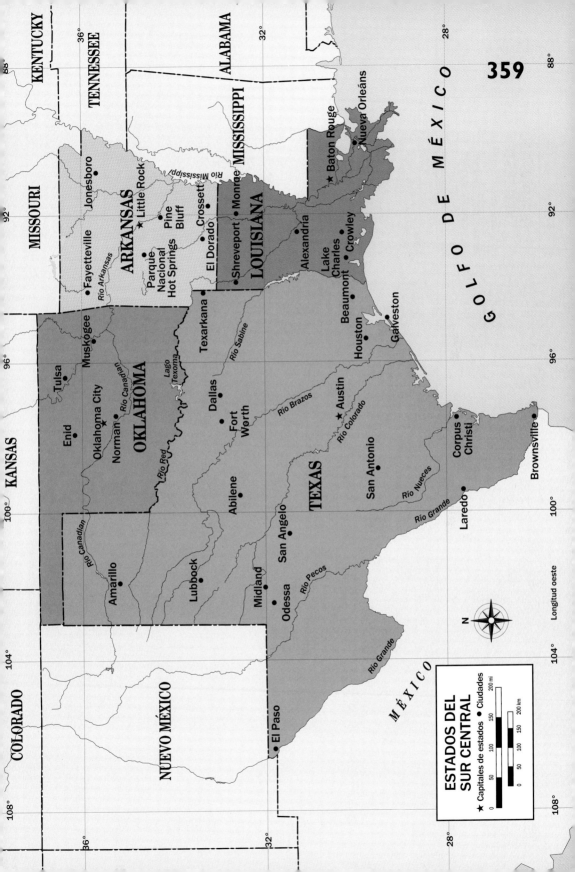

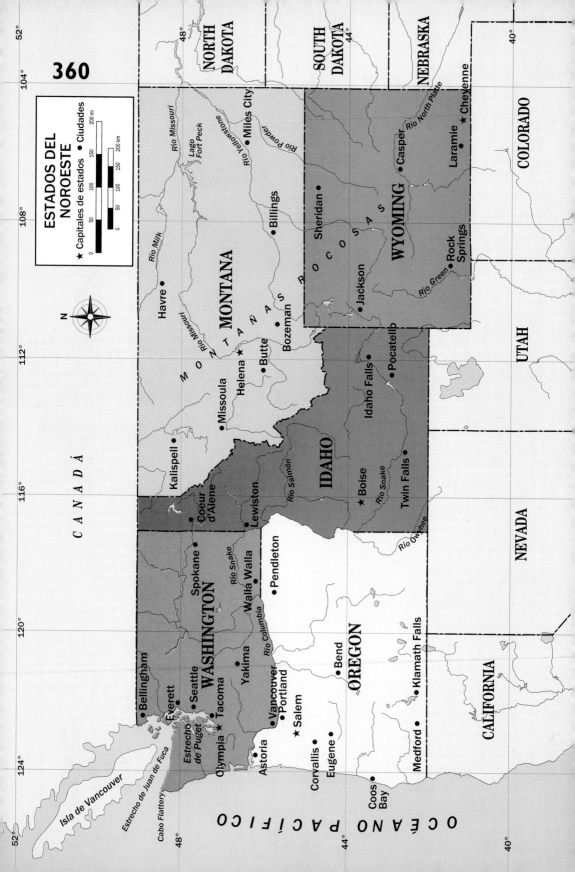

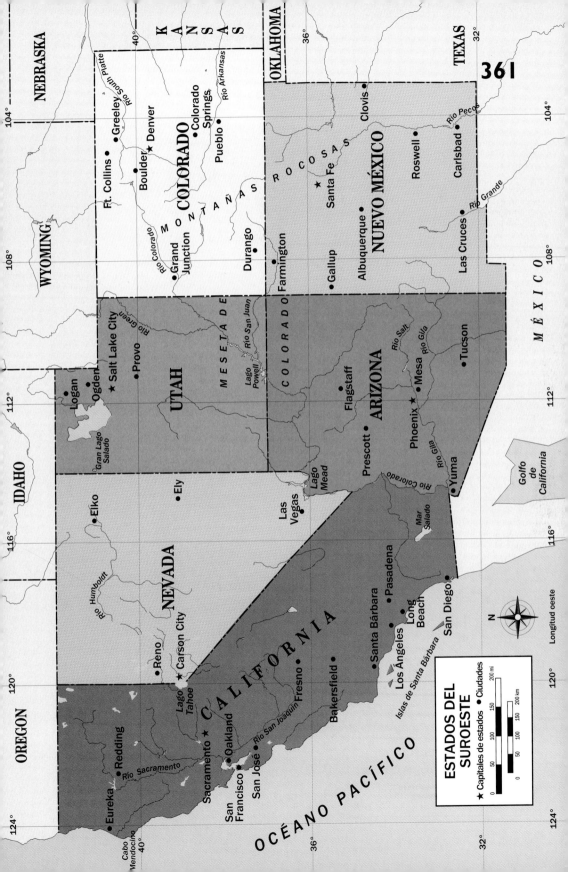

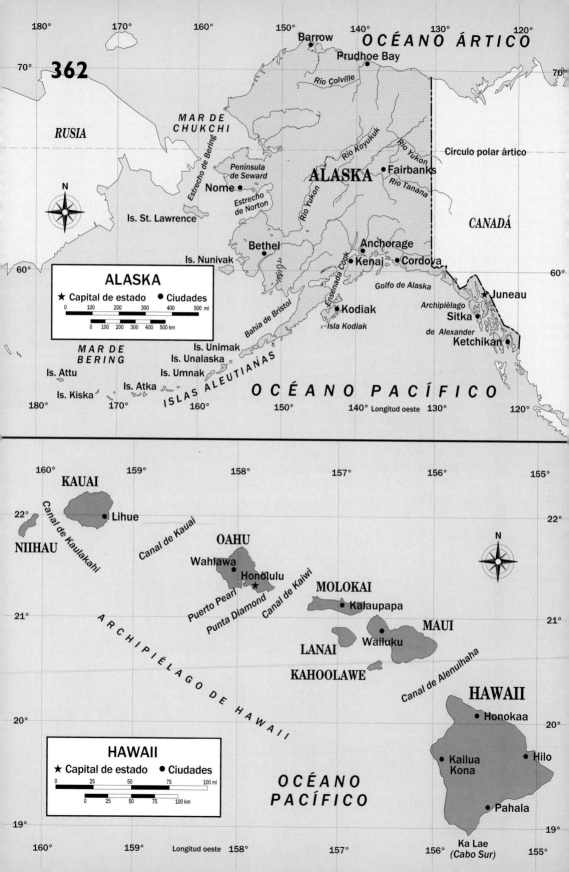

Datos sobre los Estados Unidos

Ciudades más grandes	Población
Nueva York, NY	7,322,564
Los Ángeles, CA	3,485,398
Chicago, IL	2,783,726
Houston, TX	1,630,553
Philadelphia, PA	1,585,577
San Diego, CA	1,110,549
Detroit, MI	1,027,974
Dallas, TX	1,006,877
Phoenix, AZ	983,403
San Antonio, TX	935,933
San José, CA	782,248
Baltimore, MD	736,014
Indianapolis, IN	731,327
San Francisco, CA	723,959
Jacksonville, FL	635,230
Columbus, OH	632,910
Milwaukee, WI	628,088
Memphis, TN	610,337
Washington, DC	606,900
Boston, MA	574,283
Seattle, WA	516,259
El Paso, TX	515,342
Cleveland, OH	505,616
Nueva Orleáns, LA	496,938
Nashville-Davidson, TN	488,374

RÍOS MÁS LARGOS

	Longitud (millas)
Mississippi	2,340
Missouri	2,315
Yukon	1,979
Grande	1,900
Arkansas	1,459
Canadian	1,458
Colorado	1,450
Red	1,290
Columbia	1,243
Snake	1,038

LAGOS MÁS GRANDES

	Área (mi^2)
Lago Superior	31,820
Lago Hurón	23,010
Lago Michigan	22,400
Lago Erie	9,930
Lago Ontario	7,520
Gran Lago Salado (de agua salada)	1,800

FRONTERAS ENTRE

Alaska y Canadá
1,538 millas (2,475 km)
Los 48 estados y Canadá
3,987 millas (6,416 km)
Los 48 estados y México
1,933 millas (3,111 km)

DESIERTOS

	Área (mi^2)
Mojave (CA)	15,000
Painted (AZ)	7,000
Gran Lago Salado (UT)	4,800
Colorado (CA)	2,500
Black Rock (NV)	1,000

Capitales de los Estados Unidos

ESTADO	CAPITAL	ESTADO	CAPITAL
Alabama	Montgomery	Montana	Helena
Alaska	Juneau	Nebraska	Lincoln
Arizona	Phoenix	Nevada	Carson City
Arkansas	Little Rock	New Hampshire	Concord
California	Sacramento	North Carolina	Raleigh
Colorado	Denver	North Dakota	Bismarck
Connecticut	Hartford	Nueva Jersey	Trenton
Delaware	Dover	Nueva York	Albany
Florida	Tallahassee	Nuevo México	Santa Fe
Georgia	Atlanta	Ohio	Columbus
Hawaii	Honolulu	Oklahoma	Oklahoma City
Idaho	Boise	Oregon	Salem
Illinois	Springfield	Pennsylvania	Harrisburg
Indiana	Indianapolis	Rhode Island	Providence
Iowa	Des Moines	South Carolina	Columbia
Kansas	Topeka	South Dakota	Pierre
Kentucky	Frankfort	Tennessee	Nashville
Louisiana	Baton Rouge	Texas	Austin
Maine	Augusta	Utah	Salt Lake City
Maryland	Annapolis	Vermont	Montpelier
Massachusetts	Boston	Virginia	Richmond
Michigan	Lansing	Washington	Olympia
Minnesota	St. Paul	West Virginia	Charleston
Mississippi	Jackson	Wisconsin	Madison
Missouri	Jefferson City	Wyoming	Cheyenne

En Estados Unidos:

PUNTO MÁS ALTO
Monte McKinley, AK
20,320 pies (6,198 m)

ESTADO MÁS GRANDE
Alaska 584,412 mi^2
(1,513,627 km^2)

PUNTO MÁS BAJO
Death Valley, CA 282 pies
(86 m) bajo el nivel del mar

ESTADO MÁS PEQUEÑO
Rhode Island 1,214 mi^2
(3,144 km^2)

Capitales de países hispanohablantes

PAÍS	CAPITAL	PAÍS	CAPITAL
Argentina	Buenos Aires	España	Madrid
Bolivia	La Paz; Sucre	Guatemala	Guatemala
Chile	Santiago	Honduras	Tegucigalpa
Colombia	Bogotá	México	México, D.F.
Costa Rica	San José	Nicaragua	Managua
Cuba	La Habana	Panamá	Panamá
Rep. Dominicana		Paraguay	Asunción
	Santo Domingo	Perú	Lima
Ecuador	Quito	Uruguay	Montevideo
El Salvador	San Salvador	Venezuela	Caracas

En el mundo:

PUNTO MÁS ALTO
Monte Everest
(China y Nepal)
29,028 pies (8,848 m)

PUNTO MÁS BAJO
Mar Muerto
(Israel y Jordania)
1,339 pies (408 m)
bajo el nivel del mar

PAÍS MÁS GRANDE
Rusia 6,592,849 mi^2
(17, 075,400 km^2)

PAÍS MÁS PEQUEÑO
Ciudad del Vaticano
0.2 mi^2 (0.4 km^2)

CATARATA MÁS ALTA
Salto del Ángel (Venezuela)
3,212 pies (979 m)

RÍO MÁS LARGO
Río Nilo 4,154 mi (6,671 km)

LUGAR MÁS SECO
Desierto de Atacama, Chile,
donde en ciertas zonas no ha
llovido desde hace 400 años.

Destrezas
matemáticas

Cuando piensas en las **matemáticas**, ¿qué es lo primero que se te ocurre? ¿Sumar números? ¿Contar el cambio? ¿Medir con una regla? ¿Dividir algo en partes iguales?

Las matemáticas son esto y mucho más. Estudiar matemáticas es casi como aprender una nueva lengua. Las matemáticas tienen símbolos y palabras especiales, y también sus propias destrezas y estrategias. Este capítulo te ayuda a entender ese lenguaje y esas estrategias.

Lo que viene ahora

En esta sección vas a aprender un método sencillo que puedes emplear cuando te enfrentes a problemas matemáticos. Además, te ofrecemos varias estrategias para resolver problemas de matemáticas y de pensamiento lógico. Al final, encontrarás unas tablas y gráficas muy útiles.

Resolver problemas

Por lo general, en tus tareas de matemáticas se incluyen dos o tres **problemas**. Estos problemas pueden ser difíciles. La mejor manera de resolverlos sin olvidar detalles importantes es seguir un método como éste:

Método de cuatro pasos

Lee el problema ● Asegúrate de que entiendes todas las partes. Busca palabras clave como "cuántos" o "en total".

Decide qué es lo que debes hacer ● ¿Necesitas sumar una serie de números? ¿Necesitas multiplicar o restar? ¿Necesitas hacer más de una cosa, como sumar y luego restar?

Resuelve el problema ● Puede haber varias maneras de resolver un problema. La página 369 te enseña cinco estrategias para resolver el mismo problema. Pon por escrito todo lo que hagas para poder revisarlo después.

Comprueba el resultado ● Hay dos maneras de comprobar el resultado: (1) Puedes hacer el problema de nuevo, utilizando un método diferente. (2) Puedes empezar con el resultado e ir comprobando lo que hiciste en orden inverso. Imagina que, por ejemplo, el resultado que obtuviste es 42. Para obtenerlo, multiplicaste 6 por 7. Si divides 42 por 6, el resultado debe ser 7. O si divides 42 por 7, el resultado debe ser 6.

Problema de ejemplo

Lee el problema ● Susana y su mejor amiga, Aby, están haciendo galletas de chocolate para un picnic. Tienen que calcular cuántas galletas necesitan. Al picnic van a acudir 13 personas, entre ellas cuatro padres. Quieren darle tres galletas a cada persona. ¿Cuántas galletas necesitan hacer en total?

Decide qué es lo que debes hacer
● Después de leer el problema, sabes que debes obtener un número total de galletas. También tienes los números con los que tienes que hacer tu cálculo: 13 personas y 3 galletas para cada una.

Resuelve el problema ● Digamos que decides **contar de tres en tres** 13 veces. (En la página siguiente puedes ver otras estrategias.)

3, 6, 9, 12, 15,... 39

Comprueba el resultado ● Para comprobar el resultado, decides resolver el problema de una manera distinta. Haces **marcas** en 13 grupos de tres (/// /// ///...). Luego cuentas todas las marcas. (El resultado era correcto. Las chicas necesitan hacer 39 galletas.)

Cinco estrategias

Hay muchas maneras distintas de resolver un problema. Aquí tienes cinco estrategias diferentes. (Los números son los del problema de la página anterior.)

❋ **Cuenta de tres en tres** 13 veces. 3, 6, 9, 12, 15,... 39

❋ **Haz marcas.** Pon tres marcas en un grupo, haz 13 grupos, y cuenta todas las marcas.

/// /// /// /// /// /// /// /// /// /// /// /// ///

❋ **Estima y comprueba.**

Estimación: 36 galletas

Comprobación: Divide 36 por 3, $3\overline{)36}$. El resultado es 12. ¡Estás cerca! Necesitas tres galletas más porque hay 13 personas, no 12. 36 más tres es 39.

❋ **Usa cubos o fichas para contar.** Haz 13 grupos de 3 cubos cada uno. Luego, cuenta todos los cubos.

❋ **Escribe una operación matemática.** Multiplica el número de personas por el número de galletas que recibe cada persona.

13 personas
x 3 galletas (cada una)
39 galletas (total)

Resolver problemas de lógica

A veces te ponen problemas que no se pueden resolver con una simple operación matemática. Este tipo de problemas se llaman **de pensamiento lógico**. Los maestros asignan estos problemas para hacerte pensar. Aquí tienes uno:

> Cierras los ojos y metes la mano en una jarra llena de monedas de 1, 5 y 10 centavos. Sacas tres monedas. ¿Cuánto dinero podrías tener en la mano?

Estrategia para resolver el problema

Vamos a ver cómo podemos resolver este problema.

✔ Escribe ecuaciones. Marisa empieza enumerando combinaciones diferentes de monedas.

Monedas de 1¢: 1¢ + 1¢ + 1¢ = 3¢
Monedas de 5¢: 5¢ + 5¢ + 5¢ = 15¢
Monedas de 1¢ y de 5¢: 1¢ + 1¢ + 5¢ = 7¢
1¢ + 5¢ + 5¢ = 11¢

✔ Organízalo todo en una lista o tabla. Una vez que Marisa tiene todas las combinaciones de monedas de 1¢ y de 5¢, hace una lista de las sumas, de menor a mayor: 3, 7, 11, 15.

✔ Busca un patrón. Marisa nota que cada número es cuatro más que el anterior.

✔ Completa el problema. Marisa completa todas las combinaciones con monedas de 10¢. Complétalas con ella para ver si continúa el patrón.

Símbolos, números y tablas

Usa las páginas siguientes cuando necesites ayuda con una tarea de matemáticas. La primera lista tiene los símbolos matemáticos más comunes y sus significados. Las otras tablas y gráficas tratan de la suma, la multiplicación, el redondeo de números y otras cosas.

Símbolos matemáticos

+	más (suma)	°	grado
–	menos (resta)	<	es menor que
X	multiplicado por	>	es mayor que
÷	dividido por	%	por ciento
=	es igual a	¢	centavos
≠	no es igual a	$	dólares

Operaciones de suma

Ejemplo: Escoge un número de la izquierda (8) y otro de la parte de arriba (6). Súmalos (8 + 6). Busca el resultado donde se cruzan la fila y la columna (8 + 6 = 14.)

	1	2	3	4	5	⑥	7	8	9	10
1	2	3	4	5	6	7	8	9	10	11
2	3	4	5	6	7	8	9	10	11	12
3	4	5	6	7	8	9	10	11	12	13
4	5	6	7	8	9	10	11	12	13	14
5	6	7	8	9	10	11	12	13	14	15
6	7	8	9	10	11	12	13	14	15	16
7	8	9	10	11	12	13	14	15	16	17
⑧	9	10	11	12	13	⑭	15	16	17	18
9	10	11	12	13	14	15	16	17	18	19
10	11	12	13	14	15	16	17	18	19	20

Tabla de multiplicación y división

Para multiplicar, haz lo que hiciste en la tabla de "Operaciones de suma" (6 x 4 = 24). Para dividir, haz lo contrario. Empieza con un número en el medio (24). Luego divide por el número de la parte de arriba (4), o por el de la izquierda (6). 24 ÷ 4 = 6 ó 24 ÷ 6 = 4.

X	0	1	2	3	4	5	6	7	8	9	10
0	0	0	0	0	0	0	0	0	0	0	0
1	0	1	2	3	4	5	6	7	8	9	10
2	0	2	4	6	8	10	12	14	16	18	20
3	0	3	6	9	12	15	18	21	24	27	30
4	0	4	8	12	16	20	24	28	32	36	40
5	0	5	10	15	20	25	30	35	40	45	50
6	0	6	12	18	24	30	36	42	48	54	60
7	0	7	14	21	28	35	42	49	56	63	70
8	0	8	16	24	32	40	48	56	64	72	80
9	0	9	18	27	36	45	54	63	72	81	90
10	0	10	20	30	40	50	60	70	80	90	100

Números romanos

I	1	VIII	8	LX	60
II	2	IX	9	LXX	70
III	3	X	10	LXXX	80
IV	4	XX	20	XC	90
V	5	XXX	30	C	100
VI	6	XL	40	D	500
VII	7	L	50	M	1,000

Redondeo

Puedes redondear un número a la decena, la centena, el millar o el millón más próximo.

Redondear a la decena más próxima ● Si el número es 32, 32 está más cerca de 30 que de 40. Por lo tanto, 32 redondeado a la decena más próxima es 30.

30 31 (**32**) 33 34 35 36 37 38 39 40

El número 36 está más cerca de 40 que de 30. Por eso, 36 redondeado a la decena más próxima es 40.

30 31 32 33 34 35 (**36**) 37 38 39 **40**

Los números que terminan en 1, 2, 3 ó 4 se redondean hacia abajo. Los que terminan en 6, 7, 8 ó 9 se redondean hacia arriba. Aunque está en el medio, 5 se redondea hacia arriba. Por lo tanto, 35 se redondearía a 40.

30 31 32 33 34 (**35**) 36 37 38 39 **40**

Conteo salteado

Cuenta de

2 en 2	2	4	6	8	10	12	14	16	18	20
3 en 3	3	6	9	12	15	18	21	24	27	30
4 en 4	4	8	12	16	20	24	28	32	36	40
5 en 5	5	10	15	20	25	30	35	40	45	50
10 en 10	10	20	30	40	50	60	70	80	90	100

Tabla de valores relativos

7	5	2	,	8	4	3
centenas de millar	decenas de millar	millares	,	centenas	decenas	unidades

7 en el lugar de las centenas de millar es **700,000**
5 en el lugar de las decenas de millar es **50,000**
2 en el lugar de los millares es **2,000**
8 en el lugar de las centenas es **800**
4 en el lugar de las decenas es **40**
3 en el lugar de las unidades es **3**

Este número de seis cifras se lee así: **setecientos cincuenta y dos mil ochocientos cuarenta y tres**.

Fracciones

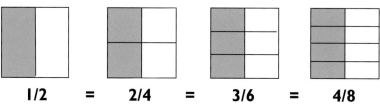

1/2 = 2/4 = 3/6 = 4/8

En 1/2, 1 es el numerador y 2 es el denominador. Las fracciones de arriba se llaman *fracciones equivalentes*. Todas nombran la misma parte, o fracción, del cuadrado, aunque sus numeradores y denominadores son diferentes.

Es fácil comparar fracciones con los mismos denominadores. (5/8 es mayor que 3/8; 1/4 es menor que 3/4)

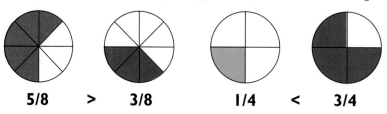

5/8 > 3/8   1/4 < 3/4

La hora al minuto

1:00 ············►

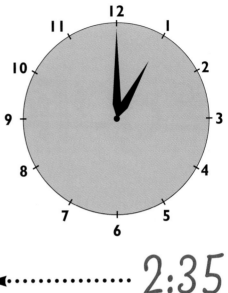

Cuando el minutero (la manecilla más larga) marca 12, escribes 00 para los minutos.

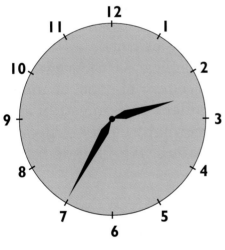

◄············· 2:35

Cuando el minutero está en un número, puedes multiplicar ese número por 5. Consulta la tabla de multiplicación de la página 372 si necesitas ayuda para contar de 5 en 5. (7 x 5 = 35)

9:18 ··············►

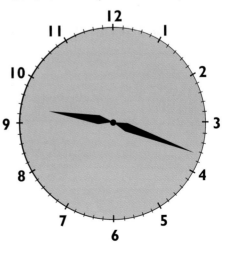

Cuando el minutero está entre dos números, suma el número de minutos que hay después del primer número. Antes, acuérdate de multiplicar el primer número por 5. (3 x 5 = 15; 15 + 3 = 18)

La caligrafía

Para escribir bien hay que tener en cuenta muchas cosas. Debes escribir sobre temas interesantes, usar las mejores palabras y oraciones, y además debes usar tu mejor caligrafía al poner en limpio tus composiciones.

Este capítulo te ayuda a practicar la **caligrafía**. Los dibujos de abajo te enseñan cómo colocar el papel en ángulo para escribir. Las dos páginas siguientes te muestran cómo formar las letras en la escritura normal y en la escritura en cursiva. Y la última página te ofrece una lista de control para la caligrafía.

Cómo colocar el papel

Mano izquierda

Mano derecha

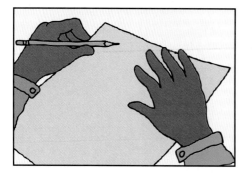
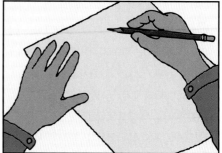

Alfabeto normal

A B C D E F G

H I J K L M N

Ñ O P Q R S T

U V W X Y Z

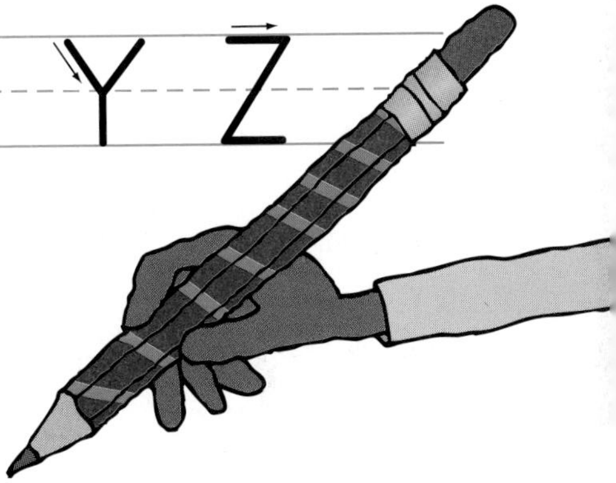

a b c d e f g

h i j k l m n

ñ o p q r s t

u v w x y z

Alfabeto de letras en cursiva

Lista de control: la caligrafía

- [ ] ¿Me senté derecho y coloqué bien el papel?

- [ ] ¿Tienen mis letras la forma correcta?

- [ ] ¿Se inclinan todas las letras en la misma dirección?

- [ ] ¿Están las letras demasiado juntas o muy separadas unas de otras?

- [ ] ¿He dejado el mismo espacio entre todas las palabras?

- [ ] ¿Se ve limpia mi copia final?

- [ ] ¿Me gusta cómo ha quedado mi copia final?

Historia
de la historia

La **cronología** de las páginas siguientes te permite un viaje en el tiempo... desde 1492, cuando Colón llegó a América, pasando por 1969, cuando los primeros astronautas caminaron en la Luna, hasta el día de hoy.

Por el camino conocerás algunos hechos muy interesantes. ¿Sabes cuándo...

* se inventó el reloj?
* se publicó el primer periódico en los EE.UU.?
* fue el primer vuelo en globo?
* se inventó la bicicleta?
* México cedió Alta California a los EE.UU.?
* ganaron el derecho al voto las mujeres en EE.UU.?
* se inventaron los CDs?

Cuando consultes la cronología podrás hallar las respuestas a éstas y a muchas otras preguntas.

Un vistazo a la historia

La cronología ocupa las diez páginas siguientes y abarca 500 años de historia. Si miras con atención, verás que está dividida en tres partes:

Historia

Ciencias e inventos

Literatura y vida diaria

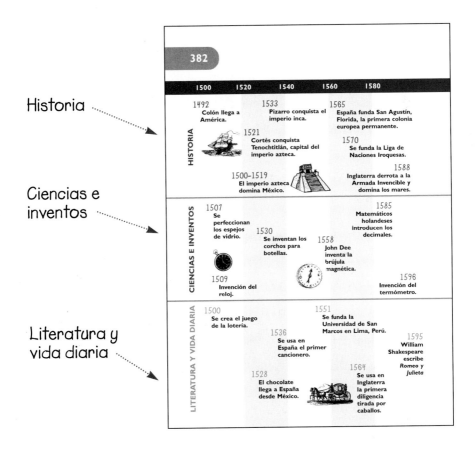

382

| 1500 | 1520 | 1540 | 1560 | 1580 |

HISTORIA

1492
Colón llega a América.

1521
Cortés conquista Tenochtitlán, capital del imperio azteca.

1500-1519
El imperio azteca domina México.

1533
Pizarro conquista el imperio inca.

1565
España funda San Agustín, Florida, la primera colonia europea permanente.

1570
Se funda la Liga de Naciones Iroquesas.

1588
Inglaterra derrota a la Armada Invencible y domina los mares.

CIENCIAS E INVENTOS

1507
Se perfeccionan los espejos de vidrio.

1509
Invención del reloj.

1530
Se inventan los corchos para botellas.

1558
John Dee inventa la brújula magnética.

1585
Matemáticos holandeses introducen los decimales.

1596
Invención del termómetro.

LITERATURA Y VIDA DIARIA

1500
Se crea el juego de la lotería.

1528
El chocolate llega a España desde México.

1536
Se usa en España el primer cancionero.

1551
Se funda la Universidad de San Marcos en Lima, Perú.

1564
Se usa en Inglaterra la primera diligencia tirada por caballos.

1595
William Shakespeare escribe *Romeo y Julieta*

Mira las tres partes para obtener información sobre la historia, las ciencias, la literatura y la vida diaria. De ese modo podrás entender mejor cómo era la vida en el pasado. ¡Esperamos que disfrutes de este viaje en el tiempo!

1500	1520	1540	1560	1580

HISTORIA

1492
Colón llega a América.

1521
Cortés conquista Tenochtitlán, capital del imperio azteca.

1533
Pizarro conquista el imperio inca.

1500–1519
El imperio azteca domina México.

1565
España funda San Agustín, Florida, la primera colonia europea permanente.

1570
Se funda la Liga de Naciones Iroquesas.

1588
Inglaterra derrota a la Armada Invencible y domina los mares.

CIENCIAS E INVENTOS

1507
Se perfeccionan los espejos de vidrio.

1509
Invención del reloj.

1530
Se inventan los corchos para botellas.

1558
John Dee inventa la brújula magnética.

1585
Matemáticos holandeses introducen los decimales.

1596
Invención del termómetro.

LITERATURA Y VIDA DIARIA

1500
Se crea el juego de la lotería.

1528
El chocolate llega a España desde México.

1536
Se usa en España el primer cancionero.

1551
Se funda la Universidad de San Marcos en Lima, Perú.

1564
Se usa en Inglaterra la primera diligencia tirada por caballos.

1595
William Shakespeare escribe *Romeo y Julieta*

1600   **1620**   **1640**   **1660**   **1680**   **1700**

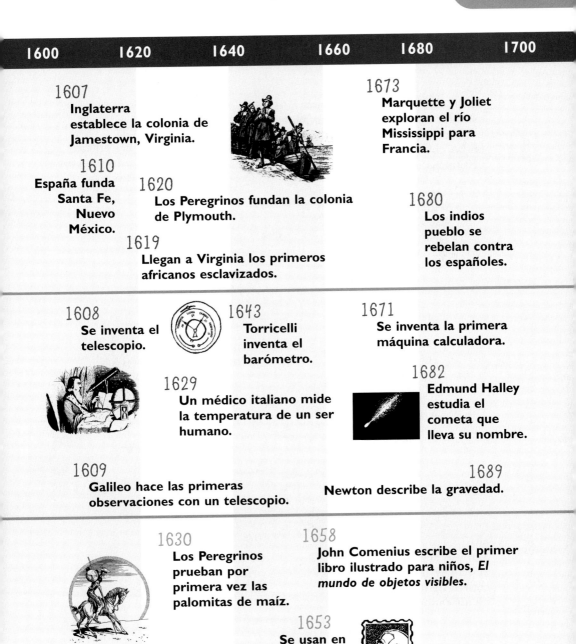

1607
Inglaterra establece la colonia de Jamestown, Virginia.

1610
España funda Santa Fe, Nuevo México.

1620
Los Peregrinos fundan la colonia de Plymouth.

1619
Llegan a Virginia los primeros africanos esclavizados.

1673
Marquette y Joliet exploran el río Mississippi para Francia.

1680
Los indios pueblo se rebelan contra los españoles.

1608
Se inventa el telescopio.

1643
Torricelli inventa el barómetro.

1629
Un médico italiano mide la temperatura de un ser humano.

1671
Se inventa la primera máquina calculadora.

1682
Edmund Halley estudia el cometa que lleva su nombre.

1609
Galileo hace las primeras observaciones con un telescopio.

1689
Newton describe la gravedad.

1630
Los Peregrinos prueban por primera vez las palomitas de maíz.

1658
John Comenius escribe el primer libro ilustrado para niños, *El mundo de objetos visibles*.

1653
Se usan en París las primeras estampillas.

1605
Miguel de Cervantes publica la primera parte de *Don Quijote*.

1697
Charles Perrault escribe *Cuentos de la madre oca*.

1700	1710	1720	1730	1740

HISTORIA

1705
La ley *Virginia Act* establece la educación pública en las colonias británicas.

1707
Inglaterra y Escocia forman Gran Bretaña.

1718
Francia funda Nueva Orleáns.

Escocia

Inglaterra

1733
En las colonias americanas británicas, se establecen impuestos sobre el azúcar y la melaza.

AZÚCAR

CIENCIAS E INVENTOS

1709
Cristoforo Bartolomeo inventa el pianoforte (primer piano).

1728
Pierre Fauchard usa el primer barreno dental.

1735
Se descubre el caucho en América del Sur.

1742
Benjamin Franklin inventa la estufa Franklin.

LITERATURA Y VIDA DIARIA

1700
Samuel Sewall escribe el primer libro en contra de la esclavitud de africanos.

1704
Se publica el primer periódico que se vende con éxito en las colonias británicas, el *Boston News-Letter*.

1726
Se publica el primer diccionario del español.

1731
Benjamin Franklin abre la primera biblioteca de suscripción.

1738
Se fabrican en Alemania los primeros relojes de cuco.

| 1750 | 1760 | 1770 | 1780 | 1790 | 1800 |

1750
En barcos y carretas empiezan a llegar al Oeste los primeros colonizadores.

1763
España obtiene el territorio de Louisiana.

1776
Los EE.UU. firman su Declaración de Independencia el 4 de julio.

1787
Se firma la constitución estadounidense.

1765
La ley *Stamp Act* pone impuestos a las colonias británicas.

1775
Empiezan las batallas de la Guerra Revolucionaria de Estados Unidos.

1789
Empieza la Revolución Francesa.

1752
Benjamin Franklin descubre que los rayos son una forma de electricidad.

1764
Se inventa una máquina de hilar mecanizada.

1793
Eli Whitney inventa una máquina para quitar las semillas del algodón.

1770
Se inventa el primer coche de vapor.

1783
Vuelo del primer globo.

1752
Se establece el primer hospital público en Philadelphia.

1765
Se publica la primera novela para niños *Little Goody Two-Shoes*.

1786
Abre la primera fábrica de helados de América.

1782
Por primera vez se usa el águila calva como símbolo de los Estados Unidos.

1751
Dionisio Diderot publica la primera enciclopedia.

1795
Se introduce la comida enlatada.

1800	1810	1820	1830	1840

HISTORIA

1800
Washington, D.C., se convierte en la capital de EE.UU.

1804
Lewis y Clark exploran Louisiana y los territorios del Noroeste de EE.UU.

1819
EE.UU. le compra la Florida a España.

1821
México obtiene su independencia de España.

1824
Venezuela, Colombia, Ecuador y Perú obtienen su independencia de España.

1836
Texas se separa de México.

1838
El pueblo cheroquí es trasladado al oeste en la "Marcha de las Lágrimas".

CIENCIAS E INVENTOS

1800
El conde Volta inventa la pila.

1802
Robert Fulton inventa el buque de vapor.

1816
Se inventa el estetoscopio.

1836
Samuel Morse inventa el telégrafo.

1839
Kirkpatrick Macmillan inventa la bicicleta.

1846
Elias Howe inventa la máquina de coser.

LITERATURA Y VIDA DIARIA

1814
Francis Scott Key escribe "The Star-Spangled Banner", el himno nacional de EE.UU.

1816
Niepce saca la primera fotografía.

1804
Se publica el primer libro de poemas para niños.

1834
Se publica en Santa Fe el primer periódico al oeste del río Mississippi, *El Crepúsculo de la libertad*.

1834
Louis Braille perfecciona un sistema de escritura para los ciegos.

1835
Hans Christian Andersen publica *Cuentos para niños*.

1849
Se inventa el imperdible.

1850　　**1860**　　**1870**　　**1880**　　**1890**　　**1900**

1848
En el tratado de Guadalupe-Hidalgo, EE.UU. obtiene Alta California y Nuevo México. Se encuentra oro en California.

1861
Empieza la Guerra Civil en EE.UU.

1862
Abraham Lincoln proclama la abolición de la esclavitud.

1865
Termina la Guerra Civil.

1869
Se termina en Utah el ferrocarril de costa a costa.

1898
EE.UU. gana la guerra contra España y obtiene Puerto Rico, Cuba y las Filipinas.

1851
Isaac Singer crea una máquina de coser.

1860
Se construye un motor de combustión interna.

1876
Alexander Graham Bell inventa el teléfono.

1879
Edison inventa la bombilla.

1893
Charles y Frank Duryea construyen el primer automóvil de gasolina de EE.UU.

1896
Marconi inventa el receptor de radio.

1865
Lewis Carroll escribe *Alicia en el país de las maravillas*.

1876
Se funda la Liga Nacional de Béisbol de EE.UU.

1860
El general Antonio López de Santa Anna introduce el chicle en EE.UU.

1888
John Dunlop crea las llantas de bicicleta.

| 1900 | 1905 | 1910 | 1915 | 1920 |

HISTORIA

1902
Cuba obtiene su independencia de EE.UU.

1909
Se funda en EE.UU. la Asociación Nacional para el Progreso de las Personas de Color (NAACP).

1914
Estalla la primera Guerra Mundial.

1914
Se abre el Canal de Panamá.

1918
La primera Guerra Mundial termina en Europa.

1920
Las mujeres de EE.UU. consiguen el derecho al voto.

CIENCIAS E INVENTOS

1903
Orville y Wilbur Wright realizan con éxito el primer vuelo en avión.

1906
El científico español Santiago Ramón y Cajal gana el Premio Nobel de Medicina.

1913
Henry Ford establece la cadena de producción para los automóviles.

1915
Se establece un sistema de teléfonos de costa a costa.

1921
Se descubre una vacuna contra la tuberculosis.

LITERATURA Y VIDA DIARIA

1900
Se crea el primer perro caliente en la ciudad de Nueva York.

1903
Se juega el primer campeonato de béisbol en EE.UU. En Europa, se corre el primer *Tour de France*, carrera de bicicletas.

1920
Alfredo Codona, trapecista de circo mexicano, hace el primer triple salto mortal.

1920
Se funda la primera estación de radio, KDKA, en Pittsburgh, Pennsylvania.

| 1925 | 1930 | 1935 | 1940 | 1945 | 1950 |

1927
Charles Lindbergh vuela solo a través del océano Atlántico.

1933
El Presidente Franklin Roosevelt comienza el *New Deal* para terminar con la Gran Depresión en EE.UU.

1939
Empieza la Segunda Guerra Mundial.

1945
Termina la segunda Guerra Mundial. Fundación de las Naciones Unidas.

1950
India obtiene su independencia de Gran Bretaña.

1948
Se funda la Organización de Estados Americanos.

1926
Alexander Fleming descubre la penicilina.

1931
Se termina de construir el edificio más alto del mundo, el Empire State (102 pisos, 1,250 pies).

1935
Se inventa el radar.

1938
Se producen los primeros bolígrafos modernos y la primera máquina de fotocopias.

1940
Enrico Fermi desarrolla el reactor nuclear.

1947
Thor Heyerdahl navega de Perú a Polinesia en la Kon-Tiki, embarcación de madera de balsa.

1936
Jesse Owens, atleta afroamericano, gana cuatro medallas en los Juegos Olímpicos de Berlín.

1925
Los crucigramas se hacen muy populares en los Estados Unidos.

1938
Se crean las tiras cómicas de Supermán.

1945
Gabriela Mistral, poetisa chilena, gana el Premio Nobel de Literatura.

1950   **1955**   **1960**   **1965**   **1970**

HISTORIA

1950
EE.UU. entra en la Guerra de Corea.

1959
Fidel Castro llega al poder en Cuba.

1963
El Presidente John F. Kennedy es asesinado.

1969
Neil Armstrong y Buzz Aldrin llegan a la Luna.

1965
EE.UU. envía tropas a Vietnam.

1954
Termina la Guerra de Corea.

1961
Alan Shepard se convierte en el primer astronauta norteamericano.

1968
Martin Luther King, Jr., es asesinado.

CIENCIAS E INVENTOS

1957
Rusia lanza el primer satélite, el *Sputnik I.*

1963
Se crean los cassettes de música.

1971
El vehículo espacial *Mariner* hace mapas de la superficie de Marte.

1951
Se descubre que el agua con flúor impide el desarrollo de las caries dentales.

1958
Se producen los discos estereofónicos.

1974
Se construye en Chicago la torre Sears (110 pisos, 1,454 pies).

LITERATURA Y VIDA DIARIA

1950
Charles Schulz crea la tira cómica *Peanuts.*

1964
Los Beatles visitan EE.UU.

1968
Se celebran los Juegos Olímpicos en la Ciudad de México.

1951
Quince millones de hogares de EE.UU. tienen televisión.

1971
Pablo Neruda, poeta chileno, gana el Premio Nobel de Literatura.

1955
Theodor "Dr. Seuss" Geisel escribe *The Cat in the Hat.*

1969
Empieza el programa de televisión *Sesame Street.*

| 1975 | 1980 | 1985 | 1990 | 1995 | 2000 |

1981

Sandra Day O'Connor se convierte en la primera mujer en la Corte Suprema de Justicia de EE.UU.

1989

Cae el Muro de Berlín.

1994

Un terremoto estremece Los Ángeles.

1975

Termina la Guerra de Vietnam.

1995

Edificio federal destruido por una bomba en Oklahoma City.

1983

Sally Ride se convierte en la primera mujer de EE.UU. en el espacio.

1991

Empieza la Guerra del golfo Pérsico.

1976

El Concorde se convierte en el primer avión supersónico para pasajeros.

1983

El vehículo espacial *Pioneer 10* pasa Neptuno y sale del sistema solar.

1991

Científicos informan del hallazgo de un agujero en la capa de ozono de la Tierra.

1984

Aparecen los discos compactos (CDs).

1993

Apple introduce la computadora Newton Writing-Pad.

1977

La guerra de las galaxias se convierte en la película de mayor éxito económico en la historia.

1986

Proclamación del día de Martin Luther King como día feriado en EE.UU.

1992

Aniversario de la llegada de Colón a América, hace 500 años.

1982

El escritor colombiano Gabriel García Márquez gana el Premio Nobel de Literatura.

1993

La película *Jurassic Park* utiliza nuevas técnicas de efectos especiales mediante computadoras.

Índice

El **índice** te ayuda a encontrar información en el manual. Digamos que quieres aprender a escribir un haiku. Puedes buscar en el índice bajo "haiku" o bajo "poesía" para encontrarlo. (Usando el índice, trata de encontrar las páginas correctas para haiku.)

Abreviaturas, 324–325
   Mayúsculas, 315
   Puntuación de, 329
Acentos, 318–320
Acrónimos, 324
Adjetivo, 304
Adverbio, 305
Agrupar ideas, 39, 204–205, 263–267, 291
Álbumes, 82–83
Alfabeto,
   De letras en cursiva, 378
   Normal, 377
Antes de escribir, 14, 16, 35–37, 38–39, 40–41, 50, 62, 66, 98, 102, 107, 112, 118, 126, 131, 146, 156, 161, 166, 172, 181, 186, 189
Antónimos, 212
Anuncios, 236–237
Argumento, 121
Artículo, 297

Artículos de periódico, 110–115
   De interés general, 65, 110, 114
   Modelos, 111, 114–115
   Noticiosos, 110, 111–113
   Partes de, 111
Autobiografía, 121
Ayudas gráficas, 263–267

Biblioteca, 137–143
   Catálogo de fichas, 138–139
   Catálogo en computadora, 140
   Cómo encontrar un libro, 141
   Cómo usar una enciclopedia, 142
   Libros de referencia, 142
   Partes de un libro, 143
Biografía, 121, 141
Borrador, escribir el, 14, 17, 40–41, 62, 67, 99, 102, 107, 113, 118, 126, 131, 149, 157, 162, 167, 174, 181, 186, 189

C

Caligrafía, 376–379
   Lista de control, 379
Capitales,
   De los Estados Unidos, 364
   De países hispanohablantes, 365
Carpeta, 26–29
   De clase, 26, 28–29
   Personal, 26, 27
Cartas,
   Al director, 110, 115
   Amistosas, 92–95
   Doblar, 129

Formales, 122–129
Para pedir información, 123, 125
Para resolver un problema, 123, 128
Poner la dirección, 129
Puntuación de, 333
Catálogo de fichas, 138–139
En computadora, 140
Charlas breves, 246–251
Modelo, 251
Tarjetas, 249
Cinco preguntas, 39
En un artículo noticioso, 112
Esquema, 265
Poema de, 188–189
Citas,
Mayúsculas, 316
Puntuación de, 333, 335, 336
Clase,
Destrezas para la, 277–291
Coma, 330–332
Cifras, 330
Elementos de una serie, 330
Comienzo, escribir el, 41, 45, 113, 114, 149, 153
Comillas, 336, 337
Comparación, 183, 266
Complementos, 311–312
Directos, 311
Indirectos, 312
Uso del pronombre, 312
Computadora,
Catálogo en, 140
Escribir con, 20–25
Teclado, 21, 23–25
Vocabulario, 21
Concordancia, 297, 323
Conjunción, 307
Contar de nuevo, 205

Contar historias, 256–261
Modelo, 260–261
Tarjetas, 258–259
Contar salteado, 373
Contenido, tabla de, 4–7, 143
Continentes, 351
Contracciones de preposiciones, 306
Cooperación, destrezas de, 280–283
Coordenadas, 350
Corrección, signos de,
parte interior de la cubierta trasera
Corregir, 15, 18, 50, 52–53, 63, 67, 99, 103, 108, 113, 118, 127, 132, 150, 157, 162, 167, 175, 182, 187
Lista de control, 53
Cronología, 382–391
Cuadrícula para anotar datos, 148
Cursiva (subrayado), 66, 337
Cursiva, alfabeto de letras en, 378

Datos,
Sobre el mundo, 365
Sobre los Estados Unidos, 363–364
Sobre los planetas, 346–347
Sobre países hispanohablantes, 365
Decimales, puntuación de, 329
Decisiones, tomar, 270
Derechos, página de, 143
Desarrollo, 45, 113, 149, 154–155
De un artículo, 111, 113
De un párrafo, 56–57
Desenlace, 121

Despedida, de una carta, 92–93, 124–125

Destrezas,
Distinguir entre hechos y opiniones, 270–273
Escuchar, 49, 238–239, 280–283
Hacer las tareas, 277–279
Matemáticas, 366–375
Observar, 233–237
Pensar, 263–273
Resolver problemas, 269
Tomar exámenes, 284–291
Tomar decisiones, 270
Trabajar en grupos, 280–283

Detalles,
En la lectura, 204
Mostrar en vez de contar, 46
Reunir, 16, 38–39, 62
Rueda de, 265
Sobre un tema, 38–39, 148

Diagramas, 195
De Venn, 266

Diálogo, 121
Escribir, 170, 171, 174
Puntuación de, 333, 335

Diarios, 77–81
De estudio, 80–81
De lectura, 79
Personales, 78

Diccionario, 210–212
De prefijos, 215–216
De raíces, 219–223
De sinónimos, usar un, 212
De sufijos, 217–218

Diéresis, 320

Discursos, 246–251

Dividir una palabra, reglas para, 36

División, tabla de multiplicación y, 372

Dos puntos, 332

Drama, escribir, 170–175

Encabezamientos,
De capítulos y secciones, 143
De una carta, 92–93, 124–125

Enciclopedia, 142

Enfoque,
Encontrar un, 57
Oración que presenta el tema, 56–57

Ensayos con fotos, 152–157
Modelo, 153–155

Entrevistas, 252–255
Modelo, 255

Escala, 349

Escribir,
Carpeta, 26–29
Compañeros, 48–51
Con una computadora, 20–25
Método de, 13–19
Para aprender, 80–81, 205, 274–275
Para contar, 58
Para describir, 59
Para explicar, 60, 130–135
Para persuadir, 61, 115
Párrafos, 55–63
Razones para, 13
Sobre experiencias, 58, 96–99
Un borrador, 14, 17, 40–41
Un resumen, 64–67

Escritos de investigación,
Biblioteca, 137–143
Ensayos con fotos, 152–157
Informes, 144–151

Escritos personales,
    Álbumes, 82–83
    Cartas amistosas, 92–95
    Diarios, 77–81
    Listas, 84–87
    Narraciones personales, 96–99
    Notas amistosas, 88–91
    Relatos de familia, 100–103
Escritos temáticos,
    Artículos de periódico, 110–115
    Cartas formales, 122–129
    Explicaciones, 130–135
    Libros alfabéticos, 105–109
    Reseñas de libros, 116–121
Escritura creativa, 158–189
Español,
    Historia del, 228–233
    Países donde se habla, 365
    Variaciones, 342–343
Esquema, 267
Estados,
    Abreviaturas, 325
    Capitales, 364
    Datos, 363–364
    Mapas, 354–362
    Puntuación, 331
Estrategias,
    De lectura, 201–205
    Para entender palabras nuevas, 198–199
Estudio de palabras, 295–307
Etimología, 210–211
Evaluar la escritura, 51
Exámenes, 284–291
    Emparejamiento, 287
    Espacios en blanco, 289
    Objetivos, 286–291
    Opciones múltiples, 288
    Respuestas breves, 290
    Verdadero/falso, 286
Exclamación, signos de, 307, 334
Explicar, escribir para, 130–135
    Modelos, 133–135

Ficción, 121, 141
Fichas, catálogo de, 138–139
    En computadora, 140
Final de un cuento, 121
Final, escribir el, 45, 111, 113, 114, 149, 155
Formularios, 39
Fotos, ensayos con, 152–157
    Modelo, 153–155
Fracciones, 374

Glosario, 143
    De literatura, 121
    Partes de un libro, 143
Gráficas, 193–197
Grupos, trabajar en, 48–51, 282–285
Guía de oraciones, 308–313
Guía del corrector, 294–337
Guía, palabras, 210–211
Guión, 336
    De un poema, 242

Hablar delante de la clase, 240–251
Hacer un plan, 14, 16, 40–41 (*Véase también* Antes de escribir)

Haiku, 185–187
Hechos y opiniones, 271–273
Herramientas del lenguaje, 314–325
Historia, 380–391
    Cronología, 382–391
    De la lengua española, 228–233
Hojas de comentarios, 51
Homófonos, 326–327
Hora,
    Decir la, 375
    Puntuación de la, 333
Horarios, 197

Ideas para la escritura, 35–37
Ideas principales, hallar las, 66,
    119, 204
Índice, 143, 392–400
Informes, 144–151
    Cuadrícula para anotar datos, 148
    Lista de control, 151
    Modelo, 145
Instrucciones, escribir, 130–135
    Modelos, 133–135
    Para representar un poema, 243
Intercambiar ideas, 280–283
Interés general, artículo de, 65, 110,
    114
Interjección, 307
Interrogación, signos de, 334
Introducción,
    De una charla, 248
    De un artículo, 111, 113

Latitud, 350
Lectura,
    Diario de, 79
    Estrategias, 198–199, 200–205
    Repasar, 201
    Vocabulario, 207–213
Lengua,
    Guía, 295–307
    Historia de la, 226–231
    Palabras de otras lenguas, 343
    Variaciones, 340–342
Leyenda, 349
Libro,
    De consulta, 199
    De referencia, 142
    Hacer un, 33
    Partes de, 143
    Reseña de un, 116–121
Libros alfabéticos, 105–109
    Modelos, 106, 109
Limerick, 185
Lista de control,
    Caligrafía, 379
    Corregir, 53
    Escribir un informe, 151
    Escuchar, 239
    Reuniones, 51
    Revisar, 47
Listas, 37, 39, 84–87
    Puntuación de, 333
Literatura, glosario de, 121
Lluvia de ideas, 38
Longitud, 350

Mapa de ideas, 39, 204–205 (*Véase también* Agrupar ideas)

Mapas, 351–362
América Central, 352
América del Sur, 353
Continentes del mundo, 350
Estados Unidos, 354–362
México, 352
Usar, 348–350

Matemáticas,
Aprender escribiendo, 274–275
Contar salteado, 373
Decir la hora, 375
Fracciones, 374
Medidas, 344–345
Mejorar las destrezas, 366–375
Números romanos, 372
Operaciones de suma, 371
Redondear, 373
Resolver problemas, 367–370
Símbolos, 371
Sistema métrico, 345
Tabla de multiplicación y división, 372
Tabla de valores relativos, 374

Mayúsculas, 315–317
Abreviaturas, 315
Citas, 316
Fiestas, 317
Nombres geográficos, 317
Títulos, 316

Mecánica del lenguaje, 314–325

Medidas, 344–345

Mejorar lo que has escrito, 15, 18, 43–47, 50 (*Véase también* Revisar)

Metáfora, 183

Método de escribir, 13–19
Antes de escribir, 14, 16, 35–37, 38–39
Escribir el borrador, 14, 17, 40–41
Corregir, 15, 18, 52–53
Pasos, 14–15
Plan, 40–41
Publicar, 15, 19, 30–33
Revisar, 15, 18, 43–47

Minúsculas, 317

Mito, 121

Moraleja, 121

Multiplicación y división, tabla de, 372

Narraciones personales, 96–99
Modelo, 97

Narrador, 121

No ficción, 121, 141

Nombre y dirección, 124–125

Nombre, 296

Notas amistosas, 88–91
Modelos, 89–91

Número de catálogo, 141

Números,
Escribir, 322
Puntuación de, 329, 330
Romanos, 372

Objetivos, establecer, 277–279

Opiniones y hechos, 271–273

Oración final, 56–57
Oración que presenta el tema, 56–57
Oraciones, 69–71, 308–313
  Clasificación de, 313
  Combinar, 72–73
  Completar, 70
  Enredadas, 71
  Fragmento, 71
  Mayúsculas, 317
  Partes de, 70, 295–307, 309–310
  Problemas con, 71
  Sencillas, 69–70
  Tipos de, 313
  Unión incorrecta, 71
Organizar información, 263–267
Organizar tu tiempo, 277–279
Origen de una palabra, 210–211
Ortografía, 224–225
  Homófonos, 326–327

Página de derechos, 143
Palabras,
  Clave, 73
  De otras lenguas, 228–229, 343
  Deducir el significado de, 198–199
  Guía, 210–211
Parejas, trabajar en, 49–51, 280–281
Paréntesis, 335
Párrafos, escribir, 55–63
  Modelos, 58–61
  Organización, 56–57, 62–63
  Partes básicas, 56–57
  Tipos, 58–61

Pensar,
  Ayudas gráficas, 263–267
  Con claridad, 268–273
  Organizarte, 263–267
  Para aprender las matemáticas, 274–275
Periódico, artículos de 110–115
  Modelos, 111, 114–115
  Partes de, 111
Personaje, 121
Personificación, 183
Pies de fotos y de dibujos, 143
Pistas sobre el contexto, 198–199, 208
Plan para la escritura, 40–41
Plan para proyectos grandes, 279
Planetas, características de los, 346–347
Planificación de tareas, 277–279
Plural, 296, 321
Poesía, 177–189
  Alfabética, 188
  Concreta, 188
  De cinco preguntas, 188–189
  Formas tradicionales, 184, 185–187
  Formas inventadas, 184, 188–189
  Hacer comparaciones, 183
  Haiku, 185–187
  Limerick, 185
  Recitar, 240–245
  Quintilla, 185
  Tradicional, 184–187
  Verso libre, 177–183
Portada, 143
Predicado (*Véase también* Verbo)
  Compuesto, 73, 310
  Núcleo del, 310
  Simple, 310

Prefijos, 199, 213, 214
  Diccionario de, 215–216
Pregunta, 313, 334
Preposición, 306
Problemas matemáticos, 367–370
Problemas, resolver, 269
Programas de televisión,
  Anuncios, 236–237
  Especiales, 235
  Noticieros, 234
Pronombre, 298
Publicar, 15, 19, 30–33, 175
  Revistas, 32
Punto y coma, 332
Punto, 329
Puntuación, 328–337

Quintilla, 185

Raíces, 199, 213, 214
  Diccionario de, 219–223
Raya, 335
Recordar, trucos para, 291
Redondear, 373
Referencia, libros de, 142
Relatos,
  De familia, 100–103
  Fantásticos, 164–169
  Realistas, 159–163
Representaciones gráficas,
  193–197
Reseñas de libros, 116–121
  Glosario de literatura, 121

Modelos, 117, 120
  Tabla de ideas, 119
Resumen, escribir un, 64–67
  Modelo, 65
Reuniones con compañeros, 48–51,
  280–283
  Guía, 49
  Hojas de comentarios, 51
Revisar, 15, 18, 43–47, 50, 63, 67,
  99, 103, 108, 113, 118, 127,
  132, 150, 157, 162, 167, 175,
  182, 187
  Lista de control, 47
Revistas, 32
Rima, 183, 185

Saludos, palabras extranjeras, 343
Serie, palabras en una, 73, 330
Siglas, 324
Signos de,
  Exclamación, 307, 334
  Interrogación, 334
  Puntuación, 328–337
Sílabas, 336
Símbolos, 194
  En los mapas, 349
  Matemáticos, 371
Símil, 183
Singular, 296
Sinónimos, 210–211
  Diccionario de, 212
Sistema métrico, 345
Sistema solar, 346–347
SQA, estrategia de lectura, 202–203
Subrayado (cursiva), 337
Suceso, 121

Sufijos, 199, 213, 214
    Diccionario de, 217–218
Sujeto, 70, 309
    Compuesto, 73, 309
    Núcleo del, 309
Suma, operaciones de, 371

Tabla, 39, 196–197
    De contenido, 4–7, 143
    De ideas, 119
    De multiplicación y división, 372
    De tareas diarias, 279
    De valores relativos, 374
    Operaciones de suma, 371
Tareas, 277–279
Teatro, obras de, 170–175
    Modelo, 171
Televisión, mirar la, 233–237
Temas, 121
    Análisis de, 39
    Ficha de, 138–139
    Guía para elegir, 35–37
Tipos de escritos, 76–189
    Álbum, 82–83
    Artículo de periódico, 110–115
    Carta amistosa, 92–95
    Carta formal, 122–129
    Diario, 77–81
    Ensayo con fotos, 152–157
    Explicación, 130–135
    Informe, 144–151
    Libro alfabético, 105–109
    Lista, 84–87
    Narración personal, 96–99
    Nota amistosa, 88–91
    Obra de teatro, 170–175

Párrafo, 55–63
Relato de familia, 100–103
Relato fantástico, 164–169
Relato realista, 159–163
Reseña, 116–121
Resumen, 64–67
Poesía, 177–189
Títulos,
    Mayúsculas, 316
    Puntuación de, 332, 336, 337
Tomar decisiones, 270
Trabajar en grupos, 48–51, 280–283

Valores relativos, tabla de, 374
Venn, diagrama de, 266
Verbo (*Véase también* Predicado),
    70, 299–303
    Atributivo, 70
    Conjugaciones, 301, 302–303
    Intransitivo, 299
    Irregular, 301
    Reflexivo, 299
    Regular, 301, 302–303
    Transitivo, 299
    Tiempo, 300, 302–303
    Tipos, 299
Viajes en el tiempo, relatos
    fantásticos sobre, 164–169
    Modelo, 168–169
Vocabulario,
    Cuaderno de palabras nuevas, 209
    Destrezas para aprender,
    207–213
    Partes de palabras, 213, 214–223
    Pistas para descifrar, 198, 208